OFFICIAL BASEBALL RULES

棒球规则

———— 2018 版 ————

中国棒球协会　审定

北京体育大学出版社

策划编辑：秦德斌
责任编辑：秦德斌
责任校对：吴海燕
排版制作：华泰联合

图书在版编目 (CIP) 数据

    棒球规则 / 中国棒球协会审定 . —— 北京：北京体
育大学出版社 , 2018.7
    ISBN 978-7-5644-2967-6

    Ⅰ . ①棒… Ⅱ . ①中… Ⅲ . ①棒球运动—竞赛规则
Ⅳ . ① G848.14

    中国版本图书馆 CIP 数据核字 (2018) 第 164657 号

棒球规则   中国棒球协会　审定

出版发行：　北京体育大学出版社
地　　址：　北京市海淀区农大南路 1 号院硅谷亮城 2B-421
邮　　编：　100084
发 行 部：　010-62989320
邮 购 部：　北京体育大学出版社读者服务部　　010-62989432

印　　刷：　北京昌联印刷有限公司
开　　本：　880 mm×1230 mm　　1/32
成品尺寸：　148 mm×210 mm
印　　张：　7
字　　数：　176 千字
版　　次：　2019 年 7 月第 1 版
印　　次：　2019 年 7 月第 1 次印刷
定　　价：　35.00 元

本书如有印装质量问题，请与出版社联系调换

出版说明

- 本规则参照美国职业棒球大联盟(MLB)官方棒球规则（2018 Official Baseball Rules）的编号顺序和内容进行修订。依照我国棒球运动开展的实际情况，对其中少数不适用的表述进行了相应调整。增加的主要内容有：①对棒球运动员的保护性规则，如本垒冲撞规则[6.01(i)]、滑垒规则[6.01(j)]；②加速比赛进程的规则，如指导投手次数规则[5.10(m)]、故意保送击球员时无须投四坏球的规则（9.14）、击球员区规则[5.04(b)(4)]等。

- 本规则由中国棒球协会裁判委员会审定，经中国棒球协会审议后予以公布执行。本规则最终解释权归中国棒球协会。如有本规则以外的新规定，以中国棒球协会颁发的文件为主。

- 本规则中所有提到的裁判员、教练员、运动员、技术官员等都使用男性称谓，同样也适用于女性。

中国棒球协会

2018 年 12 月 21 日

编审委员会

目录 Contents

第一章　比赛目的
OBJECTIVES OF THE GAME

规则 1.01

棒球运动是在封闭的场地依照本规则的规定，两队各 9 名队员由主教练指挥，并受 1 名或数名裁判员裁定的比赛。

规则 1.02

进攻球队的目标在于使击球员成为跑垒员，并使跑垒员进垒。

规则 1.03

防守球队的目标在于防止进攻队员成为跑垒员，并防止其进垒。

规则 1.04

当击球员成为跑垒员并合法踏触所有垒，则为其球队获得 1 分。

规则 1.05

各队以较对方更多得分而获胜为目标。

规则 1.06

依照本规则的规定，于有效比赛结束时获较多得分者为比赛的胜队。

第二章　比赛场地
THE PLAYING FIELD

规则 2.01　球场的设置（Layout of the Field）

球场应依据以下描述及附录图 1~图 3 所示设置。

内场为边长 90 英尺（27.432 米）的正方形，外场为如图 1 所示在一垒线及三垒线所延长的边线（Foul Line）间的区域。

自本垒至界内区域的围墙、看台或其他阻碍物，须在 250 英尺（76.2 米）以上。

自本垒沿边线两侧至围墙的距离须在 320 英尺（97.536 米）以上，至中外场围墙的距离以 400 英尺（121.92 米）以上为宜。

内场区域的垒线及本垒板应在同一水平，投手板应高于本垒板 10 英寸（25.4 厘米），自投手板前 6 英寸（15.2 厘米）处朝向本垒板方向 6 英尺（182.98 厘米）的地点为止，以每 1 英尺（30.5 厘米）保持 1 英寸（2.5 厘米）的斜度差距，此倾斜度各球场应力求一致。

内场及外场包括边线为界内区（Fair territory），其他则为界外区（Foul territory）。

自本垒经过投手板至二垒，此连线的方向应以朝东北方向为宜。

自本垒至后挡墙、后挡板（Backstop），以及自垒线至最近的围墙、看台或其他在界外区的阻碍设施的距离应在 60 英尺（18.288 米）以上。

当本垒位置已定，以此点朝向预先设定的二垒方向以钢尺量 127
英尺 3 3/8 英寸（38.795 米）的距离决定二垒的位置，再以本垒与
二垒为基点朝本垒的右侧方向各量 90 英尺（27.43 米），以此交
叉点决定一垒位置。然后以本垒与二垒为基点朝本垒的左侧方向
各量 90 英尺（27.43 米），以此交叉点决定三垒位置，一垒至三
垒的距离为 127 英尺 3 3/8 英寸（38.795 米）。

所有自本垒的测量均以一、三垒线的交叉点为起点。 接手区
（Catcher's box）、击球员区（Batter's box）、跑垒指导员区（Coacher's
box）、一垒方向跑垒限制道（Three foot first base lines），以及准
备击球员区（Next batter's box）应如附录图 1、图 2 所示画定。

图中所示边线以及粗线等应使用油漆、无毒及不可燃的白灰或其
他白色材料画线标出。

如图 1 所示，草地线及泥土地宽度为多数球场规格，但无强制性
的规定，依各球场实际状况自行设定。

【附注】

（a）自 1958 年 6 月 1 日以来，职业球队所建造的比赛场地，从
本垒到左右两侧的围挡、看台或其他障碍物的最短距离应有
325 英尺（99.06 米），而至中外场围栏最短距离应有 400
英尺（121.92 米）。

（b）自 1958 年 6 月 1 日以来，对已有比赛场地的改建，从本垒
到左右两侧及中外场的围挡，不得少于前述最短距离。

规则 2.02　本垒（Home Base）

本垒以五角形白颜色橡胶板制成。用边长 17 英寸（43.2 厘米）的
正方形，截去两角：一边为 17 英寸（43.2 厘米），相邻两边为 8.5
英寸（21.6 厘米），其余两边为 12 英寸（30.5 厘米）并形成一角度，

此角度顶点应是一垒线及三垒线的延长线的交叉点。17英寸（43.2厘米）边应朝向投手板，两条12英寸（30.5厘米）边应各与一垒线及三垒线的延长线重合，板面顶端各边应进行斜切处理并将本垒板与地面水平固定。

规则 2.03　垒包（The Bases）

一垒、二垒及三垒应以白色帆布或橡胶作为标志，如图2所示牢固地连接于地面。一垒及三垒应完全置于内场内，二垒垒包的中央应放置于二垒的基点。垒包的规格为15英寸（38.1厘米）的正方形，厚度不得少于3英寸（7.6厘米），多于5英寸（12.7厘米），并填充软质材料。

规则 2.04　投手板（The Pitcher's Plate）

投手板应由长24英寸（61厘米）、宽6英寸（15.2厘米）的白色长方形橡胶平板制成，如附录图1、图2所示，应设置于地面并固定，自投手板前沿中央至本垒板尖端的距离为60英尺6英寸（18.44米）。

规则 2.05　队员席（Benches）

主场球队应在距离两边垒线至少25英尺（7.62米）处各设置队员席供主队（后攻队）及客队（先攻队）使用，并应有屋顶且包覆后方及两侧。

第三章　器材及比赛服
EQUIPMENT AND UNIFORMS

规则 3.01　棒球（The Ball）

棒球是由软木、橡胶或类似材料为芯，卷以丝线并由两片白色马皮或牛皮紧密包扎缝合而成。重量应介于 5~5 $\frac{1}{4}$ 盎司（141.7~148.8 克），周长应介于 9~9 $\frac{1}{4}$ 英寸（22.9~23.5 厘米）。

任何队员不得故意污损球或使用泥土（Soil）、松香（Rosin）、石蜡（Paraffin）、甘草（Licorice）、砂纸（Sandpaper）、金刚砂纸（Emery paper）或其他物质摩擦球。

罚则：裁判员可要求违反规定的队员归还该球，并将其驱逐出场。此外，违规者自动禁赛 10 场。关于投手污损球的规定参照 6.02(c)(2)~(6)。

【3.01 注释】如果球于比赛中部分分离，至攻守行为（Play）结束前，仍应继续比赛。

【注】业余棒球比赛运用本项罚则规定，裁判员应令违规者归还该球并予以警告，后续故意再犯者，应令违规者退出比赛。

规则 3.02　球棒（The Bat）

（a）　球棒须以一块实木制成，且为平滑圆形棒。最粗部分的直径不得超过 2.61 英寸（6.6 厘米），长度不得超过 42 英寸（106.7 厘米）。

【附注】以合成方式制造或试验中的球棒，不得在正式或有效比赛中使用。除非制造商的设计及制造方式获得规则委员会的认可。

（b）凹头球棒(Cupped bat)其顶端深度须在 1 ¼英寸(3.2厘米)内，直径须在 1 英寸(2.5厘米)以上且不得超过 2 英寸(5.1厘米)。凹状部分直径必须为曲线状，且不得附着其他任何物质。

（c）自球棒的末端向上不超过 18 英寸（45.7 厘米）的握把部位可以包扎或使用任何材料或物质处理用以增加握棒的牢固性。任何材料或物质延伸超过 18 英寸（45.7 厘米）限制的球棒，将致使该球棒不得用于比赛并且暂时被收置。

【附注】裁判员在某一时间发现不符合规则 3.02(c) 规定的球棒，或该球棒在比赛中曾经被使用，不得依此理由宣判击球员出局或将其驱逐出场。

【3.02(c) 注释】如果击球员球棒上的松焦油（Pine tar）或止滑剂超过握把 18 英寸时，经裁判员主动察觉或经对方球队提醒，裁判员应立刻要求击球员更换球棒；击球员如果将球棒松脂超过的部分清除，于后续比赛中仍可使用。如果在球棒使用前没有任何异议，使用后才发现违反本项规定时，球棒使用的结果仍然有效，抗议将不被接受。

（d）职业比赛不得使用着色球棒，经规则委员会认可除外。

【注】业余棒球比赛依所属协会或联盟规定。

规则 3.03　比赛服（Player Uniforms）

（a）同一球队所有队员应穿着同一颜色、样式及形态的比赛服，该比赛服背后须包括有最小 6 英寸（15.2 厘米）的号码。

（b） 同一球队所有队员任何暴露于外的内衬衣（Undershirt）必须属同一颜色，除投手以外的各队员可在其内衬衣的衣袖附有数字、号码、徽章。

（c） 同一球队任一队员的比赛服与队友不同时，不得参加比赛。

（d） 协会、联盟可以规定各队穿着自己独有的比赛服。各队应有两套不同颜色的比赛服，主场比赛时穿着白色，客场比赛时穿着其他颜色。

（e） 各队员比赛服的袖长可因不同队员而有所不同，但每位队员比赛服两袖的长度必须大致相同。任何队员不得穿着破烂、磨损及袖子破裂的比赛服出场比赛。

（f） 队员不得在比赛服上附有与比赛服颜色不同的胶带或其他物品。

（g） 比赛服不得附有任何模拟或像棒球形状式样的图案。

（h） 比赛服不得使用玻璃纽扣或抛光金属。

（i） 球鞋脚底除普通的鞋板或趾板外，在脚跟或脚趾部位不得附有任何物质。不得穿着类似高尔夫球鞋或田径跑鞋等附尖钉的鞋。

【注】除了跑垒指导员及担任跑垒员的投手外，其他队员都不得穿着外套参加比赛。

（j） 比赛服的任何部位都不得有关于商业广告的布条或图案。

【注】业余棒球比赛依所属协会或联盟规定。

（k） 协会或联盟可以规定所属球队的比赛服式样，包括比赛服背后的队员名称，使用姓氏以外的名称必须经由赛会组委会认可。如果采取此规定，则所有球队的比赛服必须要有队员的姓名。

【注】业余棒球比赛依所属协会或联盟规定。

规则 3.04　接手的手套（Catcher's Mitt）

接手的皮制连指手套（Mitt）并无重量的限制。但其周长不得超过 38 英寸（96.5 厘米），从上端至下端不得超过 15 1/2 英寸（39.4 厘米），此项限制包括手套、绳结、皮带及手套外沿在内。手套拇指与食指的间隔上端不得超过 6 英寸（15.2 厘米），下端分叉处不得超过 4 英寸（10.2 厘米）。拇指与食指间的网（Web），连接上端部分不得超过 7 英寸（17.8 厘米），而自上端至虎口部分的长度不得超过 6 英寸。网可用绳或覆皮革的绳编织皮条（Tunnels），或由手掌部分的皮革延长编结，但不得超过上述长度的限制。

规则 3.05　一垒手的手套（First Baseman's Glove）

一垒手使用的皮制手套（Glove）或连指手套（Mitt）无重量的限制，但其纵长不得超过 13 英寸（33 厘米），横长不得超过 8 英寸（20.3 厘米，自拇指虎口至手掌外沿）。连指手套的拇指与食指的上端间隔不得超过 4 英寸（10.2 厘米），下端虎口间隔不得超过 3 1/2 英寸（8.9 厘米），此项间隔不得使用其他材料或加工扩大，如延长、加宽或加深。连指手套的网，自上端至拇指虎口的长度不得超过 5 英寸（12.7 厘米），网口用绳子或皮革编结，或由手掌部分的皮革延长编结。网不得使用皮革以外的物质卷或包扎，也不得将网加深如同袋状。

规则 3.06　守场员手套（Fielder's Glove）

接手以外的其他守场员的皮制手套无重量限制，测量手套的大小应量其前部或接球部分。使用计量具或卷尺全程接触手套表面予以测量。自四指顶端经落球袋至手套下端不得超过 13 英寸（33 厘米）。手套宽度自食指内侧下端缝线部分经由各指下端至小指外沿，应在 7 3/4 英寸（19.7 厘米）以内。

拇指与食指间隔的虎口部分（Crotch）可附加皮网或后挡设置（Backstop），网也可使用两片标准皮革将虎口部分全部防堵，或由一系列皮条、长方形皮革或皮绳编结而成。

网不得使用皮革以外的物品卷或包扎以制成袋状网。如果网涵盖全部叉状部分，则网可呈弹性。为结网可加穿数个段落（Sections），此段落必须都能紧密串联，但不得将段落弯曲制成凹状网。

虎口部分上端开口应在 4 1/2 英寸（11.4 厘米）以内，深度在 5 3/4 英寸（14.6 厘米）以内，下端宽度在 3 1/2 英寸（8.9 厘米）以内。虎口的开口部位在顶端以下任何部位的宽度不得超过 4 1/2 英寸（11.4 厘米）。

虎口部位开口其上下左右任何部分及附加部分都须紧紧连接，如果有松弛须调整至正常状态。

规则 3.07　投手的手套（Pitcher's Glove）

（a）　投手使用的手套除了嵌边之外，还包括缝线、皮绳、绑绳，网不得使用白色或灰色，依裁判员的判断不得令人分心及产生混淆。守场员无论任一防守位置，其手套的颜色不可比 PATONE® 颜色组中现有的 14 系列还浅。

　　　【注】业余棒球比赛依所属协会或联盟规定。

（b）　投手不得在其手套上附着任何与手套颜色不同的异物。

（c）　如果手套违反规则 3.07(a)、(b) 规定时，司球裁判员应要求将其自比赛中移除。无论是其主动，或依其他裁判员建议，或是对方主教练提出异议，都需要经司球裁判员同意。

规则 3.08　头盔（Helmets）

协会（联盟）可以针对头盔的使用采用以下规定。

（a）　在比赛中，所有队员在击球及跑垒时都应该佩戴防护头盔。

（b）　业余棒球比赛的击球员须佩戴双边护耳头盔。

（c）　职业队或专业队棒球比赛的队员必须佩戴单边护耳头盔（或在队员的选择下使用双边护耳头盔）。

（d）　接手在接球时须佩戴接手防护头盔及面具。

（e）　跑垒指导员在比赛中必须佩戴防护头盔。

（f）　球童执勤时也要佩戴双边护耳头盔。

【3.08 注释】如果裁判员认为有队员违反了以上各项规定时，应令其改正；如果于适宜的时间内未改正，依裁判员的判断，应将该违规者驱逐出场，并酌情给予适当的处分。

规则 3.09　过度商业化行为（Undue Commercialization）

比赛设备用具（包括但不限于）垒包、投手板、球、球棒、比赛服、手套，以及防护头盔，依照本规则的规定，不得含有任何不适当的商业化制品。制造商对这些设备用具所设计的尺寸、标志图案、品牌名称等，其内容必须保持在适当的范围内。本条规定仅适用于职业联盟。

【附注】制造业者对于职业棒球联盟所采用的比赛用具，试图给予创新变革时，在制造前必须先向联盟规则委员会申请并获得同意。

【3.03~3.09 注释】裁判员对于各项违反规则规定的状况，应令其改正；依裁判员的判断，在适当的时间内未改正者，应勒令违规者退场。

规则 3.10　场地上的器材要求（Equipment on the Field）

（a）　进攻球队成员在其球队进攻时，应将所有手套及器材自球场内移至队员席内，任何器材都不得留置于界内或界外区域。

（b）　在场地内放置任何标记物从而形成可见的参考体系的行为都是被禁止的 。

第四章　比赛准备
GAME PRELIMINARIES

规则 4.01　裁判员的职责（Umpire Duties）

比赛开始前，裁判员应做如下准备。

（a）依据规则严格要求队员遵守比赛行为及器材规定。

（b）确认球场所有边线（图1、图2深色线）用石灰（Lime）、白灰（Chalk）或其他白色材料画定，无论从土面或草面上都易于分辨。

（c）取得由主队（后攻队）提供的有效比赛用球，其数量及制作须由主队（后攻队）向赛会组委会取得认证。

检查球并确认可否作为有效比赛用球，适当摩擦去除光泽。裁判员为比赛用球是否合格的唯一判定者。

【注1】比赛用球的品牌和型号都须由赛会组委会签证，每一个球都必须包装封闭，并有协会（联盟）的签署，比赛开始之前由裁判员拆封检查用球。

【注2】业余棒球的比赛用球由主办单位提供。

（d）应确认主队（后攻队）至少准备12个有效比赛球，在需要时以供随时使用。

（e）身上至少有2个备用球，并要求在比赛中随时补充，备用球于下列情形使用：

（1） 球被击出场地外或进入观众席区域。

（2） 球被染污变色或不适合继续使用。

（3） 投手请求更换备用球。

【4.01(e)注释】 司球裁判员应在攻守行为告一段落或在死球局面时，才可给予投手备用球。守场员的传球或击出球进入比赛无效区场地时，应在跑垒员依所获安全进垒数到达应进入的垒位后，再给予投手备用球恢复比赛。如果球被击出成为本垒打，司球裁判员应在击出本垒打的击球员通过本垒后，才可将备用球交予投手或接手。

（f） 在每场比赛开始前确认正式认可的松香粉袋（Rosin bag）已置于投手板后方的地面上。

【注】业余比赛使用的松香粉袋或镁粉袋（也称"止滑粉"）品牌型号，可由主办方提供，于赛前经司球裁判员认可。

（g） 司球裁判员认为当下光线阴暗使比赛受到阻碍并有危险性时，可要求球场开启照明。

规则 4.02 主教练（Field Manager）

（a） 球队应于比赛开始前30分钟，向主办方或该场比赛的司球裁判员指定主教练。

（b） 主教练可告知司球裁判员其已经按规则将具体职责委任某一位队员或教练员，此指定代表应视为正式行为。主教练应始终为自己球队的行为负责，遵守规则，尊重裁判员。

（c） 主教练离开场地时，应指定一位队员或教练员代理，此代理主教练具有与主教练相同的任务、权力与责任。如果主教练离开场地前，未指定或拒绝指定代理者，司球裁判员可指定该队某一成员为代理主教练。

规则 4.03　交换上场队员名单（Exchange of Lineup Cards）

除非主队（后攻队）事先通知比赛延期或滞后开始，否则裁判员一人或数人应于比赛开始前 5 分钟进入球场，直接进入本垒与双方球队主教练会面，并按下列顺序进行。

（a）　主队（后攻队）主教练或主教练指定的代表向司球裁判员提交一式数份复写的上场队员名单（Batting order）。

（b）　客队（先攻队）主教练或主教练指定的代表向司球裁判员提交一式数份复写的上场队员名单（Batting order）。

（c）　提交给司球裁判员的上场队员名单应列出每位队员的防守位置，如果采用指定击球员制，应指定一位击球员为指定击球员 [参照 5.11(a)]。替补队员也应同时被列入名单，但如果没有填入替补队员并不影响其上场参赛的资格。

（d）　司球裁判员应确认上场队员名单的原件与副本相同，然后将副本交给对方主教练，裁判员保留的上场队员名单确立为正式击球次序。在司球裁判员向双方主教练交予上场队员名单后，双方队的击球次序即刻确定。除非依照规则，否则双方主教练不得进行替换行为。

（e）　主队（后攻队）将上场队员名单提交司球裁判员后，司球裁判员就负责比赛场地，即有权依据气候或场地的状况决定比赛是否终止、暂停或恢复。在比赛暂停的 30 分钟以内不可宣判终止，如果司球裁判员认为有可能恢复比赛，可继续等待。

【4.03 注释】司球裁判员于比赛开始的"Play"宣判前，发现上场队员名单上有明显错误时，应先提示该队的主教练或队长，并令

其改正。例如，主教练因疏忽在上场队员名单中仅列8名队员，或未列入区分同姓同名队员的记号时（号码错误），如果于比赛开始前发现，应令其改正，不能因比赛前未改正的错误，而使球队于比赛开始后受到约束。

司球裁判员应尽力完成比赛，其有权在经1次或数次（每次30分钟）的暂时中止比赛后恢复比赛。司球裁判员只有在判断没有可能将比赛完成的情况下，才宣判终止比赛。

规则 4.04　天气与场地条件（Weather and Field Conditions）

（a）　主场球队有权判断因为气候条件或场地状况是否开始进行比赛；但一日双赛的第二场比赛除外。

【例外】联盟（或协会）可授权联盟（或协会）主席冻结本条规则，以便赛季结束后能顺利完成比赛，确定排名。如果任何一场比赛的延期或取消足以影响任一队的最终排名时，联盟（或协会）主席可经任一队的请求而取代本规则赋予主队（后攻队）的权力，决定是否比赛。

【注】业余棒球比赛不适用此规定。

（b）　一日双赛第1场比赛的司球裁判员有权依据气候及球场的状况决定第2场比赛是否适合举行。

（c）　延后比赛应作为无效比赛，应该依照规则7.01(e)所规定的未成为有效比赛的相关规则对待。

规则 4.05　场地特别规则（Special Ground Rules）

主队（后攻队）主教练应向司球裁判员及客队（先攻队）主教练说明他认为有必要的任何有关球场的场地规则，包括因观众过多而进入场内，击出的球或传球进入观众席内，以及任何其他突发事件。如果客队（先攻队）主教练能接受相关规则时，则成为合法规定；如果客队（先攻队）主教练不接受，则司球裁判员可在认为有必要时，并且不与正式规则冲突的情况下，在考虑场地条件后，制定与执行场地特别规则。

规则 4.06 不可过度亲近（No Fraternization）

不论在比赛前、比赛中或比赛后，穿着比赛服的队员不应与观众亲密交谈，也不应坐在观众席内。不论在比赛前或比赛中，主教练、教练员或队员不应与观众交谈。

不论何时，双方球队的队员穿着比赛服时，禁止有亲热的行为。

【注】业余棒球比赛是否准许次场比赛的队员于观众席中参观比赛，由主办单位规定。

规则 4.07 安全维护（Security）

（a）任何人都不得在比赛中进入场内，除穿着比赛服的队员及教练员、主教练、经主队（后攻队）判定授权的摄影人员、裁判员、穿着制服的警察及警卫人员或其他主场雇员外。

（b）主队（后攻队）有义务提供严密警力以维护场地秩序，如果有一人或数人进入场地妨碍比赛时，客队（先攻队）可以在所有妨碍未完全清除前拒绝比赛。

罚则：自客队（先攻队）拒绝出场比赛起适宜的时间（至少15分钟）后仍然无法清除妨碍时，司球裁判员可经适当时间后裁定为弃权比赛，同时宣判客队（先攻队）获胜。

【注1】适当的时间，是指司球裁判员判定的适当时间。司球裁判员应与全体裁判员协商后宣判弃权比赛。但除非在不得已的情况

下，应尽量避免宣判弃权比赛。

【注 2】业余棒球比赛规定由主办单位负责。

规则 4.08 一日双赛（Double Headers）

（a） 一日双赛的适用：

    （1） 唯有冠军赛可于一日内举行 2 场比赛，改期续赛的完成不应违反此规则。

    （2） 如果在同一日安排进行 2 场比赛使用同一张入场券时，第 1 场比赛应视为当日的有效比赛。

（b） 一日双赛的第 1 场比赛开始后，应于第 2 场比赛开始前完成。

（c） 一日双赛的第 2 场比赛，应于第 1 场比赛结束 30 分钟后举行，但如果需要间隔较长时间（不得超过 45 分钟），司球裁判员应于第 1 场比赛结束时通知双方球队主教练。

【例外】如果赛会组委会同意主队（后攻队）因特殊原因需延长两场间隔时间的要求，司球裁判员应宣布此项较长间隔的时间，并通知对方球队主教练。第 1 场比赛的司球裁判员应负责掌控两场比赛的间隔时间。

【注】如果经两队主教练同意，第 2 场比赛可于第 1 场比赛结束后 30 分钟内开始。

（d） 裁判员应在场地状况、当地时间限制或气候许可范围内尽快开始一日双赛的第 2 场比赛，并在场地条件、当地时间限制、天气允许的情况下让攻守行为持续进行。

（e） 正式赛程的一日双赛如果因任何理由迟延开始，当比赛开始时应判定为一日双赛的第 1 场比赛。

（f） 当改期的比赛成为一日双赛的一部分时，则该改期的比赛为第 2 场比赛，当日正式赛程的比赛为第 1 场比赛。

（g） 一日双赛的 2 场比赛之间，或无论何时因场地不适于比赛
而中止时，为使场地适合比赛，司球裁判员拥有掌控场地
管理员及其助理的权力。

罚则： 对于违反者，司球裁判员可宣判弃权比赛，并宣判客队（先
攻队）获胜。

第五章　比赛进行
PLAYING THE GAME

规则 5.01　开始比赛 [Starting the Game ("Play ball!")]

（a）　在预定的比赛开始时间，当主队（后攻队）各队员到达防守位置，客队（先攻队）第一位击球员进入击球员区时，司球裁判员应宣判"Play"，比赛即开始。

（b）　在司球裁判员宣判"Play"后，即为活球局面（Ball is alive）并继续比赛（In play），直到依合法的规定或裁判员宣判暂停（Time），则成为死球局面（Dead Ball）。

（c）　投手应向击球员投球，击球员可选择击球或不击球。

规则 5.02　守场员位置（Fielding Positions）

当比赛开始或于比赛进行中，除接手外所有守场员应位于界内区。

（a）　接手应就位于本垒板正后方的位置。他可以在任何时候为了接住投球或者进行防守行为而离开接手区位置，但是在故意四坏球保送击球员时除外。当投手试图投故意四坏球时，在球未脱离投手的手前，接手两脚应位于接手区线内。

　　　　罚则：判定为投手犯规（Balk）。

（b）　投手向击球员投球时应采取合法的投球姿势。

（c）　除投手及接手外，其他守场员可位于界内区的任何位置。

【注】本条规定禁止在投手向击球员投球前，除接手以外的其他

守场员位于界外区，但如果违反时并无适用的罚则。如果裁判员发现上述情形时，应立即予以纠正并给予警告；如果未能及时纠正而比赛已经进行时，不可因违规而使该行为无效。裁判员判断该违规行为确实有利于守方时，才能判定该防守无效。

规则 5.03 跑垒指导员 (Base Coaches)

（a） 攻方于进攻时应派两位跑垒指导员，一人在一垒方，另一人在三垒方的指定位置。

（b） 各队的跑垒指导员仅限 2 名，并应穿着该队比赛服。

（c） 跑垒指导员应依照规则要求始终保持在跑垒指导员区内。除非在跑垒指导员所处的垒位有攻守行为时，并且他不会影响所进行的攻守行为情况下，跑垒指导员可以离开指导员区向跑垒员做出滑垒、继续跑进或者返回垒位的手势。除了与跑垒员交换器材外，跑垒指导员被限制与跑垒员有身体接触，尤其是在发送暗号的情况下。

罚则： 如果在击出球通过跑垒指导员之前，他的位置距离本垒比指导员区还近，或他的位置距离界内区域比指导员区还近时，裁判员在对方主教练提出异议时应严格执行本条规定，对跑垒指导员提出警告并指示他回到指导员区。如果跑垒指导员不肯返回指导员区，他将被驱离比赛。除此之外，他还会收到赛会组委会给予的纪律处分。

有些教练员习惯于将一只脚踏出跑垒指导区或跨立或略微踏出指导区线外，这已经成为普遍接受的行为。

【注1】主教练可代替指定的教练员担任跑垒指导员。

【注2】虽允许跑垒指导员在不妨碍攻守行为的情况下离开指导员

区指引队员，但对于试图得分的跑垒员，则不允许跑垒指导员到本垒附近指示跑垒员滑垒的行为。

规则 5.04　击球（Batting）

（a）　击球次序（Batting Order）

（1）　攻方各队员应按该队上场队员名单内所列次序依次进行击球。

（2）　击球次序应始终在比赛中被遵循，除非队员由其他队员替代出赛时。此时，该替代出赛的队员应遵循被替代队员的击球次序。

（3）　第1局以后各局开始的第1位击球员，应为前局最后合法完成击球任务的队员的下一棒次。

（b）　击球员区（Batter's Box）

（1）　当队员轮到击球时，应立即进入击球员区并采取正确的击球姿势。

（2）　当投手已进入侧身投球姿势静止时，或正面投球姿势起动投球时，击球员不得离开击球员区位置。

罚则：如果投手已投球，则裁判员应依据实际的情况宣判坏球（Ball）或好球（Strike）。

【5.04(b)(2)注释】击球员随意离开击球员区，投手的投球将有可能被宣判为好球（Strike）。除非击球员要求暂停并获裁判员宣判暂停（Time），否则击球员不得随意进出击球员区。

一旦击球员进入击球员区后，不得以使用松脂止滑喷剂或松焦油抹布等（Rosin or the Pine tar rag）为

理由而退出击球员区，但司球裁判员认为因天气影响，
或比赛的进行有延迟的情形时除外。

投手一旦正面投球姿势起动或侧身投球姿势进入静止
时，裁判员对于击球员或攻方的任何要求，都不得宣
判暂停（例如因灰尘进入眼睛、眼镜模糊、未看清楚
信号或其他理由）。

击球员自进入击球员区后，裁判员可以应其要求给予
暂停，但毫无理由地离开击球员区是不被允许的。司
球裁判员接受暂停的尺度严谨，击球员就会了解其必
须位于击球员区并面对投手的投球。[参照5.04(b)(4)]

当击球员在击球员区内时，如果投手有所拖延，并且
裁判员判定该拖延不是合理的，他可以允许击球员暂
时退出击球员区。

有跑垒员在垒上时，投手在正面投球姿势起动或侧身
投球姿势进入静止后，因击球员不经意动作而导致中
断投球时，裁判员不应宣判投手犯规（Balk），因投
手及击球员双方都违反了规则，应宣判暂停并重新开
始。

有跑垒员占垒时，投手在正面投球姿势起动或侧身投
球姿势进入静止后，因击球员踏出击球员区外而导致
中断投球时，裁判员不应宣判投手犯规（Balk），应
依违反规则5.04(b)(4)(A)的规定进行判罚。

（3） 如果击球员拒绝进入击球员区，司球裁判员可以无须
投手投球而直接宣判好球（Strike），此时为死球局面，
跑垒员不得进垒。在此判罚后击球员可进入击球员区，
依照正常状态宣判好球或坏球，如果击球员不能在被

宣判第三个好球以前进入正确击球位置，则应被判出局。

【5.04(b)(3)注释】司球裁判员依本项规定宣判好球后，至再度宣判下一个好球之间，应给予击球员采取正式击球姿势所需要的合理时间。

（4） 击球员区规则（Batter's Box Rule）

（A）击球员轮到击球时须始终至少保持一只脚在击球员区内，除非有下列情形击球员可以离开击球员区，但不能离开本垒周围的泥土区。

    i. 击球员挥击该投球时。

    ii. 向司垒裁判员申诉挥与未挥时。

    iii. 击球员被投球逼出击球员区时。

    iv. 任一方队员要求暂停获得允许时。

    v. 守方的队员对任何垒上的跑垒员试图进行攻守行为时。

    vi. 击球员假触击时。

    vii. 发生暴投或接手漏接时。

    viii. 投手接球后离开投手区的泥土区时。

    ix. 接手离开接手区给予防守指示时。

如果击球员在不符合以上所列的情形下，故意离开击球员区延误比赛正常进行时，裁判员对击球员的第1次违规应给予警告，第2次或后续再出现违规行为时，赛会组委会应给予适当的处分。对于业余棒球比赛，当击球员在比赛中第2次或后续再出现违规行为时，司球裁判员无须等待投手投球，直接对该击球员宣判好球，此时为死球局面，垒上跑垒员不得进垒。

（B）如果下列情形被宣判暂停时，击球员可以离开击球员区或本垒板周围的泥土区。

　i.　队员受伤或可能受伤时。

　ii.　进行队员替补时。

　iii.　任一方的协商或商谈时。

【5.04(b)(4)(B)注释】裁判员应鼓励下一位击球员（On-deck batter）在前位击球员上垒或被判出局以后，迅速于击球位置就位。

（5）击球员的合法击球姿势，其两脚应在击球员区内。

【规则说明】击球员区的线为击球员区的一部分。

（c）**完成击球**（Completing Time at Batting）
当击球员出局或成为跑垒员即为合法完成击球。

规则 5.05　**击球员成为跑垒员**（The Batter Becomes a Runner）

（a）下列情形击球员成为跑垒员。

（1）击出界内球。

【5.05(a)(1)注释】投手投球碰触地面后，如果击球员击中该投球时，则视同为击中飞行状态（In flight）的投球。

（2）裁判员宣判第三个好球但接手失接且一垒无跑垒员时，或两人出局一垒有跑垒员时。

【5.05(a)(2) 注释】击球员被宣判第三个好球但未意识到接手失接，如果未做出跑向一垒的行为，在离开围绕本垒的泥土区域或画线的圆圈区域时，应被宣判出局。

（3） 如果投球触及地面后再通过好球区时仍为坏球。如果该投球触及击球员时，击球员获得安全进至一垒的权利。如果于两好球后击球员挥击该球，不视为直接接住。[参照规则 5.05(b)、5.09(a)(3)]

（4） 击出的界内球在通过守场员（除投手以外）后，或触及守场员（包括投手）后，在界内区触及裁判员或跑垒员。

（5） 界内高飞球越过距离本垒 250 英尺（76.2 米）以上的围墙进入观众席，击球员合法踏触各垒可获本垒打。界内高飞球越过球场少于距离本垒 250 英尺（76.2 米）的地点，则击球员获得进至二垒的权利。

（6） 界内球触地后反弹进入观众席，穿过或越过围墙、计分板、灌木或围墙上藤蔓时，击球员及跑垒员都可获得安全进两个垒位的权利。

【注】所谓 "触地" 的情形应指不是飞行状态。

（7） 界内球不论在触地前或触地后，越过围墙、计分板、灌木及围墙上藤蔓时，或从围墙、计分板间隙及下面穿过，或夹在围墙、计分板、灌木、藤蔓时，击球员及跑垒员都被给予安全进两个垒位的权利。

（8） 已触地的界内球被守场员碰触偏离后进入观众席；越过或者在下面穿过界内或界外地区的围墙时，击球员及跑垒员都被给予安全进两个垒位的权利。

（9） 任何界内高飞球或平飞球被守场员碰触偏离后进入界外区观众席或越过围墙进入界外区，击球员被给予安全进至二垒的权利。如果被守场员碰触偏离后的球在界内区域进入观众席或越过围墙时，击球员将被给予本垒打的权利；但该界内高飞球或平飞球被碰触偏离的点距本垒少于 250 英尺（76.2 米）时，击球员仅获得安全进两个垒的权利。

【注】本条各项所规定给予击球员和跑垒员安全进两个垒的权利，以投手投球时所占据的垒为起点。

（b） 击球员在下列情况下成为跑垒员，同时没有被判出局风险，而被给予进至一垒的权利（仅限给予击球员进至一垒并踏触该垒）。

（1） 司球裁判员宣判四坏球（Four Balls）时。

【5.05(b)(1)注释】因四坏球获安全进至一垒的击球员，包括守方主教练向司球裁判员做出保送击球员手势而进到一垒的击球员，必须进至一垒并踏触该垒后，才会使得其他被迫进垒的跑垒员前进一个垒。此规定于满垒或替换跑垒员时也适用。

如果垒上跑垒员在进垒时认为有攻守行为（Play）发生而滑离垒位，当被守场员持球触及身体时被判出局；如果该跑垒员未踏触垒位且试图再进入下一垒位时，当被守场员持球触及身体或这一被漏踏的垒位时，被判出局。

（2） 击球员无意击球而被投球所触及，但下列情况除外：
① 投球在好球区触及击球员；② 击球员未做出躲避
的动作而被投球触及。

投球在好球区触及击球员，不论击球员是否躲避，都
应宣判为好球。如果投球于好球区外触及击球员，击
球员未做出躲避动作而被触及时，应宣判为坏球。

【规则说明】当击球员被投球触及但未获得安全进至
一垒的权利时，成为死球局面，所有跑垒员不得进垒。

【注1】投球虽在好球区外触及击球员，但该球已通
过好球区时，不论击球员是否躲避，都将被宣判为好
球（Strike）。

【注2】击球员是否躲避完全基于司球裁判员的判断，
如果司球裁判员认为该投球确为无法躲避时，视为已
躲避。

（3） 接手或其他守场员妨碍击球员时（Interference）。如
果在该妨碍行为后出现攻守行为（Play），攻方主教
练可在按照妨碍行为或接受已形成的攻守局面两者之
间进行选择。但必须在该攻守行为结束后立即向司球
裁判员提出。但如果击球员因安打、失误、四坏球、
投球中身或其他原因到达一垒，且所有其他跑垒员也
至少进一个垒时，则攻守行为继续进行。无须再考虑
妨碍行为。

【5.05(b)(3)注释】如果接手妨碍的宣判是在攻守行为
过程中，司球裁判员应允许该攻守行为继续，因为主

教练有权选择该攻守行为的结果来代替对接手妨碍的判罚。

如果击跑员漏踏一垒或跑垒员漏踏下一垒位时，依本规则 5.06(e)(4) 的规定解释，被视为已到达该垒。

主教练可选择以攻守行为结果取代对接手妨碍判罚的实例如下。

① 一人出局，跑垒员在三垒，虽受到接手的妨碍，击球员仍击出外场高飞球，三垒跑垒员于高飞球被接杀后进入本垒得分。攻方主教练可选择：击球员出局，跑垒员得分；或跑垒员在三垒，击球员因接手妨碍击球而安全上一垒。

② 无人出局，跑垒员在二垒，虽受到接手的妨碍，击球员仍以触击方式使跑垒员进入三垒，而自己则在一垒出局。攻方主教练可能更愿意选择一人出局，跑垒员进占三垒；而不是无人出局，跑垒员进占一垒、二垒。

如果三垒跑垒员试图以盗垒或抢分触击（Squeeze Play）方式得分发生妨碍时，需要注意规则 6.01(g) 所规定的额外罚则。

投手投球前，接手妨碍击球员时，不应视为 5.05(b)(3) 所述的妨碍，此时裁判员应先宣判暂停（Time），再使比赛继续进行。

【注】主教练一旦提出以攻守行为结果代替接手妨碍判罚后，不得变更。

（4） 击出的界内球在穿过守场员（不包括投手）或触及守场员（包括投手）之前在界内区域触及裁判员或跑垒员时。界内球通过守场员（不包括投手），或于触及守场员（包括投手）之后触及裁判员时，仍应继续比赛。

规则 5.06　跑垒（Running the Bases）

（a）占据垒位的权利（Occupying the Base）

（1） 跑垒员在出局前触及无人占据的垒时，即享有占据该垒的权利，直到被判出局或被迫让出该垒位给其他合法取得占据此垒位权利的跑垒员为止。

【5.06(a)、5.06(c) 注释】跑垒员合法获得占据垒位的权利后，投手已采取投球姿势时，不得返回原占据的垒位。

（2） 两名跑垒员不得占据同一个垒位。如果在比赛进行中两名跑垒员触及同一个垒时，后位跑垒员被持球触杀时应为出局，前位跑垒员享有占据该垒位的权利。但适用 5.06(b)(2) 者除外。

（b）进垒（Advancing Bases）

（1） 跑垒员应按一垒、二垒、三垒及本垒的顺序跑垒。如果被迫返回原垒，也应按照逆向顺序依次返回原垒。除依 5.06(c) 的规定被宣判为死球局面的情形，跑垒员可直接回原垒位。

【注 1】在比赛进行中（如暴传、本垒打或越过围墙的界内安打等）获得安全进垒时，跑垒员在进垒或返回原垒时，应按规定踏触各垒。

【注2】逆向顺序依次返回原垒是指：

① 击出球于飞行状态中，已进垒的跑垒员于球被接住后应返回原垒履行再触垒（Retouch）。[参照5.09(b)(5)]

② 跑垒员未踏触垒而意图再踏触垒位。[参照5.09(c)(2)]

③ 为避免超越前位跑垒员。[参照5.09(b)(9)] 有上述各项情况发生时，应按逆向顺序踏触垒位。

（2）因击球员成为跑垒员而产生被迫进垒时，当有两名跑垒员触及后位跑垒员被迫进占的垒位，该垒位的占据权为后位跑垒员所有，如果守场员持球触杀前位跑垒员或该前位跑垒员被迫应进占的垒位时，该前位跑垒员被判出局。[参照5.09(b)(6)]

（3）下列情况下，除击球员外，所有跑垒员都可无出局危险而安全进一个垒位。

（A）宣判投手犯规。

（B）击球员在无出局危险情况下获得安全进占垒位，迫使该跑垒员须让出他占据的垒位时；击球员击出的界内球触及守场员（包括投手）前，或通过守场员（投手除外）前，在界内区触及裁判员或其他跑垒员时。

【5.06(b)(3)(B)注释】跑垒员在被迫进垒且无被判出局危险的情形下进垒后，可冒险越过该垒位。如果该冒险越过垒位的跑垒员在同为被迫

进垒的跑垒员踏触本垒前被判出局成为第三个出局时，该得分应有效。比如：两人出局满垒，击球员获四坏球，二垒跑垒员一时冲动跑过三垒朝本垒前进，被接手的传球触杀出局，该出局虽为第三个人出局，但因为击球员获四坏球时，垒上所有跑垒员有被迫且无被判出局危险而进占下一垒位的权利。依照此理由，三垒跑垒员的得分有效。

（C）守场员于接住高飞球或平飞球后踏入或者跌入任何比赛无效区域时（队员席、观众席或跨过围绳跌入观众席内等）。

【5.06(b)(3)(C) 注释】如果守场员在合法地接住高飞球或平飞球后，踏入或者跌入比赛无效区域（观众席或队员席以及其他成为死球局面的区域），此时为死球局面，各跑垒员可自守场员进入比赛无效区域时其合法所占据的垒位起，无被判出局危险且安全地进一个垒位。

（D）当跑垒员试图盗垒时，击球员被接手或任何其他守场员妨碍。

【附注】继续比赛时跑垒员在无被判出局危险且获安全进一个垒位时，或依据规则在继续比赛时给予跑垒员可安全进垒时，跑垒员在到达可安全进占的垒位后，在试图进占下一垒位前未能踏触该安全进占的垒位时，将丧失其无被判出局危险进垒的权利；如果跑垒员于返回漏

踏触的垒位前，其身体或该垒位被持球触及时
应被判出局。

【注】本项规定在试图盗取的垒位无跑垒员，
或有跑垒员但他同时有试图盗垒行为时适用。
后位跑垒员虽有盗垒行为，但试图盗取的垒位
上的跑垒员无试图盗垒行为时，则不得允许其
进垒。如果跑垒员仅为离垒，则不能视为试图
盗垒，不适用本项规定。

（E）守场员故意以脱离其身体正常所在位置的球帽、
面罩或比赛服的任何部分触及投手投出的球。
此时应继续比赛，跑垒员自球被触及时合法所
在的垒位为起点，被给予应获得的进垒数。

（4）在下列情况下，每名跑垒员包括击跑员在内，无被判
出局危险，可以安全进垒。

（A）返回本垒得1分。如果界内球以飞行状态飞出
比赛场外，跑垒员合法踏触各垒；或界内球经
裁判员判断应该会以飞行状态飞出比赛场外，
却被守场员以抛出手套、球帽或任何服装上的
物品碰触偏离而改变飞行路线时。

【注】 裁判员判断界内击出球明显将以飞行状
态越过本垒打线，却触及观众或鸟类时，应给
予本垒打。飞行状态的击出界内球或传球触及
鸟类时应继续比赛，仍属飞行状态；但如果触
及停在地上的鸟类或其他动物时，则不属于飞
行状态，仍继续比赛。

投球触及鸟类时为死球局面，球数不算。击出
界内球、传球或投球被狗衔住时也为死球局面，
此时依裁判员的判断处理。

（B）给予安全进三个垒。如果守场员故意以脱离正
常位置的球帽、面罩或比赛服的任何部分触及
击出的界内球，此时仍继续比赛，击球员可冒
险抢进本垒。

（C）给予安全进三个垒。如果守场员故意投掷手套
触及击出的界内球，此时仍继续比赛，击球员
可冒险抢进本垒。

【注1】此处所指界内球，应不论是否有守场员
已触及该球。

【注2】击球员击出右外场、中外场间的安打，
右外场手试图拦截而抛手套碰触到该球，击球
员漏踏触三垒，于跑向本垒的途中试图返回补
踏三垒，但在返回三垒前，被守场员持球触及
三垒或身体，提出申诉时，该击球员应被判出局。
［参照 5.06(b)(4)(C)］

（D）给予安全进两个垒。如果守场员故意以脱离正
常位置的球帽、面罩或比赛服的任何部分触及
传球，此时仍继续比赛。

（E）给予安全进两个垒。如果守场员故意投掷手套
触及传球，此时仍继续比赛。

【5.06(b)(4)(B)~(E)注释】在适用(B)~(E)条款时，裁判员必须以抛掷的手套或脱离原位置的球帽、面罩确实有触及球为前提进行判罚。如果球未被触及时，不适用相关罚则。

【5.06(b)(4)(C)~(E)注释】(C)~(E)的罚则不适用于守场员的手套由于受到击出球或传球强力冲击而脱手的情况，也不适用于守场员明显地努力做合法扑接球行为时致使脱离或掉落的情况。

（F）给予安全进两个垒。如果界内球弹跳或被触及改变方向，进入一垒或三垒界外的观众席；或越过球场围墙、计分板、灌木或围墙上的藤蔓，或从下面穿过或夹住，此时为死球局面。

（G）给予安全进两个垒。无观众在场地内时，球被暴传进入观众席或队员席（不论球是否自队员席反弹回球场），或越过、穿过球场围墙，或掉入后挡网上方斜网上，或被保护观众的护网夹住，此时为死球局面。裁判员给予进垒的起点：如果该暴传是属于内场手处理击出球的第一个攻守行为所做的传球，则以投手投球时各跑垒员的位置作为进垒的起点；其他状况则以形成暴传球时跑垒员的位置作为进垒的起点。

【规则说明】如果内场手的暴传是在投球后的第一个攻守行为里，并且所有跑垒员（包括击球员）至少已经进占一个垒时，则应以内场手暴传的球离开手时，各跑垒员的位置作为进垒的起点。

【5.06(b)(4)(G) 注释】在某些情况，也不可能给予跑垒员进两个垒。比如：跑垒员在一垒，击球员击出右外场近距离的高飞球，跑垒员跑在一垒、二垒间观望，击球员经过一垒接近跑垒员后方，高飞球未被接住造成安打，外场手在向一垒传球时将球传入观众席。

【规则说明】在死球局面，跑垒员不得进占超过原允许被给予的垒，因此原本在一垒的跑垒员进至三垒，击球员仅能进至二垒。

"形成暴传球"的定义，应指守场员传球出手时，而非该传球通过试图接住该球的守场员而触地时，或进入观众席时。

当内场手暴传球离开手时，击跑员的位置是决定给予进垒的关键点，如果击跑员未到达一垒，则所有跑垒员以投手投球时所占的垒为起点，被给予进两个垒。击跑员在暴传前是否到达一垒，取决于裁判员的判断。

如果内场手的第一传球进入观众席或队员席，但击球员未成为跑垒员时（如三垒跑垒员利用接手漏接或暴投试图得分，而接手的传球进入观众席时），以该传球出手时跑垒员的位置为起点，被给予进两个垒。[适用 5.06(b)(4)(G) 时，接手视同内场手]

【例】跑垒员在一垒，击球员击出游击方向地滚球，游击手传球于二垒试图封杀一垒跑垒员未果，二垒手再转传一垒试图传杀击跑员，但击跑员已通过一垒，结果形成暴传，于是到达二垒的跑垒员可进入本垒得分。（在此状况，仅限击跑员于传球时已通过一垒，才可获进三垒。）

（H）给予安全进一个垒。当投手对击球员的投球，或在踏触投手板时试图将跑垒员牵制出局的传球，进入观众席或队员席，或越过、穿过球场围墙或后挡网，此时为死球局面。

【规则说明】当暴投或接手漏接的投球通过接手或触及接手后，直接进入队员席或观众席或其他区域，成为死球局面时；以及投手踏触投手板后向垒上的传球直接进入上述区域而成为死球局面时，应以投手投球时各跑垒员的位置为起点，给予他（们）安全进一个垒。但如果投手的投球或投手踏触投手板的传球通过或触及接手或守场员后，仍留在比赛场内，随后因守方队员踢到或者触及改变方向而进入比赛无效区，则应以投手投球或投手踏触投手板传球时各跑垒员的位置为起点，给予他（们）安全进两个垒。

【注】击球员获四坏球或三击不中时的投球符合规则 5.06(b)(4)(H) 说明后段的状态时，击球员

被给予进两个垒。

（I）给予安全进一个垒。第四个坏球或第三个好球的投球通过接手而夹于司球裁判员的面罩或用具时，如果击球员因暴投成为跑垒员，同时垒上跑垒员也因此被给予安全进一个垒时，击跑员仅能进至一垒。

【5.06(b)(4)(I) 注释】跑垒员在无出局危险的情形下获得安全进一个垒或数个垒时，并不能免除他（们）踏触被给予的垒及其他各垒的义务。

【例】击球员击出地滚球，内场手传球进入观众席，击跑员未踏触一垒而进占二垒。即使击跑员获得安全进占二垒权利，但比赛恢复进行后，如果对方于一垒提出申诉，应宣判出局。

如果跑垒员因高飞球或平飞球被接住须返回原占据的垒时，即使依场地规则或其他规则获得额外安全进垒权利时，也必须回到原占据的垒履行再踏垒（Retouch）。跑垒员可于死球局面时履行再踏垒，该原垒即为被给予进垒的起点。

（c） **死球局面（Dead Balls）**

在下列情形下成为死球局面，跑垒员无出局危险，安全进一个垒或返回原垒。

（1）击球员在合法的击球位置被投手的投球触及身体或衣服，被迫进垒的跑垒员可以进垒。

（2） 司球裁判员妨碍接手为阻止盗垒的传球，或司球裁判员妨碍接手试图传杀离垒的跑垒员而向垒上的牵制（Pick-off）传球，跑垒员不得进垒。

【附注】如果接手的传球造成跑垒员出局时，则该妨碍应被视作没有发生，继续比赛。

当成为死球局面时，队员不得有出局、进垒、得分的情形。但在活球局面中因所发生的行为（例如投手犯规、暴传、妨碍、本垒打，或任何越出场外的界内击出球等）而产生的可进一个垒或数个垒的情形除外。

【5.06(c)(2)注释】裁判员的妨碍也可能发生在接手将球回传给投手，但受到司球裁判员妨碍时。

【注】接手的传球受到裁判员的妨碍，进而形成跑垒员遭夹杀的状况时，裁判员应立即宣判暂停（Time），并令所有跑垒员回原垒。

（3） 投手犯规时，各跑垒员应进一个垒。[参照6.02(a)罚则]

（4） 不合法击球时，各跑垒员应返回原垒。

（5） 界外球未被接住时，跑垒员应返回原垒，司球裁判员应于各跑垒员都已返回并踏触原垒后，才可继续进行比赛。

（6） 击出的界内球，未碰触内场手（包括投手）前，于界内触及跑垒员或裁判员时，或击出的界内球通过内场手（不包括投手）前，触及裁判员时，因击球员安全进入一垒而被迫进垒的跑垒员可进入下一垒位。界内球穿过试图防守的内场手后，并且其他内场手也无机会对该球进行防守行为，该球触及紧跟在试图防守的内场手后面的跑垒员时，继续比赛，裁判员不得宣判该跑垒员出局。如果界内球触及内场手后再触及跑垒员，此时仍继续比赛，裁判员不得宣判跑垒员出局。

【5.06(c)(6)注释】如果界内球反弹通过或越过投手后触及位于内场区的裁判员，为死球局面。如果击出的球于界内区域触及守场员后，仍以飞行状态触及跑垒员或裁判员，当该球被守场员接获时，不得视为接住，但此时仍继续比赛。

【注】界内球于界外区域触及裁判员时应继续比赛。

（7）投球夹在司球裁判员、接手的面罩或其随身用具，并且使得攻守行为中断时，跑垒员可进一个垒，此时为死球局面。

【5.06(c)(7)注释】如果擦棒球触及司球裁判员后反弹再被守场员接获时，成为死球局面，不应判击球员出局。擦棒球夹于司球裁判员的面罩或其他用具时也是如此。

被宣判为第三个好球的投球（不是擦棒球），通过接手后触及司球裁判员时应继续比赛；如果该球触及司球裁判员后反弹，在落地前被守场员接获时，击球员不会因为这一反弹的球被接获（不是接住 Catch）而被判出局。此时仍继续比赛，击球员在踏触一垒前被持球触及一垒或身体时被判出局。

如果被宣判为第三个好球或第四个坏球的投球，夹于司球裁判员、接手的面罩或随身的用具中，并且使得攻守行为中断时为死球局面，给予击球员安全进占一垒，所有跑垒员也给予安全进一个垒；如果球数少于三好球或少于四坏球时，则仅垒上跑垒员（们）进一个垒。

（8）　任何合法的投球触及试图得分的跑垒员时，垒上跑垒员（们）应安全进一个垒。

规则 5.07　投球（Pitching）

（a）　**合法的投球姿势（Legal Pitching Delivery）**

合法的投球有正面投球姿势与侧身投球姿势两种，投手可依照自己的意愿采用任何一种投球姿势。

投手必须踏触在投手板上接受接手的指示暗号（Sign）。

【5.07(a)注释】投手接受指示暗号后仍允许退离投手板，但退离后不能又立即踏触投手板投球，此情形将被裁判员判定为急投（Quick pitch）。当投手退离投手板时，必须将两手放下置于身体的两侧。

投手不得每次在接受指示暗号后又退离投手板。投手不得使用任何一只脚朝向本垒做出第二次踏步，或者在投球过程中重置轴心脚位置。如果垒上有跑垒员，依照规则6.02(a)是投手犯规。如果垒上没有跑垒员，依照规则6.02(b)是不合法投球。

（1）　**正面投球姿势（The Windup Position）**

投手应面对击球员站立，轴心脚（Pivot Foot）与投手板接触，自由脚不受限制。以此姿势开始，任何与向击球员的投球有关的自然动作都将使得该投手必须连续完成投球动作，他不得中断或变更投球姿势。

除实际向击球员投球外，投手的任何一只脚都不得抬离地面，但自由脚（非轴心脚）可往后退一步，再往前踏出一步。

当投手的轴心脚与投手板接触（无论自由脚如何），两手持球于身体的前方，则被视为已采用正面投球姿势。

【5.07(a)(1)注释】投手采用正面投球姿势时，允许自由脚位于投手板上、投手板前方、投手板后方或投手板两侧。以此正面投球姿势，投手可以：

（A）向击球员投球。

（B）为牵制（Pick-off）跑垒员向垒上伸踏并传球。

（C）退离投手板（退离时双手须放下置于身体两侧）。

投手退离投手板时，必须先退轴心脚（不得先退自由脚），此时不得进入侧身投球姿势或做伸展的动作，如果这样做是投手犯规。

（2）侧身投球姿势（The Set Position）

投手面对击球员站立，轴心脚与投手板接触，自由脚应置于投手板的前方，两手持球于身体的前方，并进入完全静止（Complete stop）的状态。此时表明投手采用侧身投球姿势。以此姿势，投手可以向击球员投球、向垒上伸踏传球，也可以将轴心脚退至投手板的后方（仅限于后方）。

采用侧身投球姿势前，投手可做任何自然动作，如被称为"Stretch"的伸展动作。"Stretch"指手臂伸展至头上或身前的动作，一旦做伸展动作，在对击球员投球前必须采用侧身投球姿势。

采用侧身投球姿势后，任何与对击球员的投球有关的自然动作都将使得该投手必须连续完成投球动作，他不得中断或变更投球姿势。

投手准备采用侧身投球姿势投球前，必须有一只手放置于身旁，由此姿势投手以不中断的连续动作进入规则 5.07(a)(2) 定义的侧身投球姿势。投手做伸展动作后必须：① 两手持球置于身体的前方；② 进入完全静止状态，此为必须强制执行的规定，裁判员应密切注意。投手经常为避免跑垒员离垒过远而试图违反本规定。如果投手未能进入完全静止状态时，裁判员应立刻宣判投手犯规（Balk）。

【5.07(a)(2) 注释】垒上无跑垒员时，采用侧身投球姿势的投手可以不必完全静止就投球，但如果裁判员判定投手蓄意趁击球员措手不及而快速投球时，应判为急投（Quick Pitch），并宣判一坏球（Ball）。[参照 6.02(a)(5) 注释]

当垒上有跑垒员时，如果投手的站位是轴心脚平行踏触投手板，并且他的另一只脚位于投手板前面，这名投手将被假定为将采用侧身投球姿势进行投球。除非在一个击球员开始击球前，在采取了上述站位的情况下，他告知裁判员他将采取正面投球姿势进行投球。

在面对同一个击球员时，投手仅在以下两种情况才被允许向裁判告知他将要采用正面投球姿势进行投球：①攻方进行队员替换；②紧接在一个或多个跑垒员有进垒时（即在一个或多个跑垒员有进垒后，并且在下一个投球之前）。

【注1】本条规定的所谓"中断、变更"，应指投手在投球动作中故意停止片刻或不自然（不能连贯）的动作时。

【注2】投手采用侧身投球姿势投球时，于踏触投手板后至投球前，必须以两手持球，至于持球的位置，只要在身体前方即可。一旦两手持球停滞于身前，就不得再移动，除脖子以外应使身体的动作完全静止。

【注3】投手在垒上有跑垒员时，虽已采用侧身投球姿势，但为了防守的目的，可自由退离投手板；此时轴心脚必须退离至投手板的后方，不得踏在侧方或前方。投手退离投手板后允许对有跑垒员的垒不做伸踏而仅用手腕传球或假装传球，但不得向击球员投球。

【注4】无论采用正面或侧身投球姿势，将轴心脚踏触于投手板，两手持球的投手，要退离投手板时必须先以保持两手持球的状态退出，在退离后才能将两手放开，并下垂于身体的两侧，然后才可以重新将轴心脚踏触于投手板。

【问】投手自伸展手臂动作开始，至进入侧身投球姿势过程中，自脸部前面两手持球，不做中断而下降并停于胸前，请问是否为投手犯规？

【答】虽然是自脸部前方两手持球，但其动作不中断而下降至胸前完成静止状态，所以并不是投手犯规。一旦静止于脸部前方，则必须在此持球，如果在此姿势状态下，再将两手往下降，即成为投手犯规。

（b）**热身投球（Warm–Up Pitching）**

在每一局开始投手到达投球位置或替换投手时，可以向其接手进行不超过8球的热身准备投球，此时比赛应为暂停状态。赛会可以自行确定，将热身准备投球限制在8球以下，并且（或者）限制此项热身准备投球所耗时间（如不得超过1分钟）。

如果因突然的事故，被召唤进场比赛而无机会做赛前热身运动的投手，在司球裁判员认为有必要的情形下，可准许其有更多的准备投球。

（c）**投手延误（Pitcher Delays）**

如果垒上没有跑垒员时，投手应于接球后12秒内必须向击球员投球。投手每次违反此项规定拖延比赛，司球裁判员应直接宣判一坏球（Ball）。

12秒的计时由投手持球并且击球员进入击球员区面对投手做好准备时开始，至投手投球出手时为止。

本规则的目的在于避免无谓的拖延，裁判员应督促接手迅速将球回传投手，而投手接到球后应立即踏板准备投球。对于明显的投手故意拖延行为，裁判员应立即给予处罚。

（d）**向垒上传球（Throwing to the Bases）**

投手在做投球准备动作但尚未起动投球时，只要在传球前向传球的垒上直接伸踏，就可以向任一垒上传牵制球。

【5.07(d)注释】投手传牵制球前，必须将自由脚朝向试图传球的垒位伸踏（ahead of the throw）。如果传球同时（或紧接着传球）自由脚才向传球垒伸踏，判投手犯规。

（e）**从投手板移开轴心脚的影响（Effect of Removing Pivot Foot From Plate）**

投手的轴心脚一旦退到投手板后方时，则应被视为内场手。此时如果传球造成暴传时，应视同其他内场手传球造成暴传。

【5.07（e）注释】当投手退离投手板后，可以向任何垒进行传球。如果该传球成为暴传时，将被视同内场守场员的传球，则有关于守场员的传球规则都能适用。[参照5.06(b)(4)(G)]

（f）**左右手都能投球的投手（Ambidextrous Pitchers）**

投手必须以可视方式向司球裁判员、击球员和所有跑垒员表明他想要用哪一只手臂投球。这个可以通过投手踏触投手板时，手套戴在另一只手上的方式来表明。直到击球员出局或成为跑垒员、更换代打、投手负伤、攻守交换为止，投手不允许更换手臂进行投球。投手因受伤在面对同一击球员时更换投球手臂，其在比赛中都要用已更换过的那只手臂投球。投手更换手臂时，将不允许进行试投。任何更换投球手臂的行为必须清楚地向司球裁判员表明。

规则5.08 球队得分（How a Team Scores）

（a）在第三个人出局前，跑垒员合法地循序进占一垒、二垒、三垒，返回至本垒，得1分。

【例外】在第三个人出局为下列情形时，跑垒员即使安全进入本垒仍不能得分：

　　①击跑员踏触一垒前出局。［参照 5.09(a)，6.03］

　　②任何跑垒员被封杀出局。［参照 5.09(b)(6)］

　　③前位跑垒员因漏踏垒位被宣判出局。［参照 5.09(c)］

【5.08(a) 注释】跑垒员已合法得分，不得因其后续的行为而判得分无效。例如三垒跑垒员在高飞球被接杀的同时离垒进入本垒，误以为离垒过早而再次返回踏触三垒。此情形下，一旦跑垒员合法地踏触本垒后，仍应判得分有效，而不会因为其误以为在高飞球被接住前离垒过早，而做出试图再踏触三垒的行为而使其得分无效。

【注1】第三个人出局不属于封杀出局，而在该攻守行为中如有其他跑垒员到达本垒时，无论该跑垒员是否有被申诉的行为（Appeal play），司球裁判员须明示其到达本垒是否早于第三个人出局。

【注2】本项规定也适用于享有安全进垒权利的击球员或跑垒员。例如在两人出局后，因后位跑垒员超越前位跑垒员而成为第三个人出局时，后位跑垒员应被判出局，其他的前位跑垒员在该第三个人出局前仍未到达本垒时，其得分无效。但在两人出局满垒的情况下，因击球员获四坏球，各跑垒员安全进一个垒，但因某位跑垒员于进垒后离垒被触杀成为第三个人出局，此时三垒跑垒员虽然到达本垒是在第三个人出局之后，但得分仍应有效。［参照 5.06(b)(3)(B) 注释］

（b） 当有效比赛最后的下半局或延长赛的下半局，击球员在满垒状况下因四坏球、投球中身或其他状况获得安全进一个垒，并因此使得垒上所有跑垒员被迫安全进入下一个垒时，在三垒跑垒员踏触本垒及击球员踏触一垒前，司球裁判员不得宣判比赛结束。

【5.08(b)注释】有下述情形者为例外：如果观众冲进比赛场地，致使三垒跑垒员踏触本垒或击跑员踏触一垒受到阻碍，此情形下裁判员应视为观众的妨碍，并给予跑垒员进垒。

罚则：三垒跑垒员在合理的时间内拒绝进入踏触本垒时，裁判员不应判得分，应宣判该违规队员出局，并要求比赛继续进行。

如果两人出局后，击跑员拒绝进入踏触一垒时，裁判员不应判得分，应宣判该违规队员出局，并令比赛继续进行。如果两人出局前，击跑员拒绝进入踏触一垒时，得分应有效，但应宣判该违规队员出局。

【5.08 注释】

【规则说明1】击跑员在踏触一垒前成为第三个人出局时，此期间的得分无效。

【例1】一人出局，跑垒员占一垒、二垒，击球员击出安打，二垒跑垒员得分，一垒跑垒员被传球触杀于本垒，2人出局；击球员进占二垒但漏踏触一垒，经守方申诉使击球员出局，3人出局。因二垒跑垒员是在击跑员踏触一垒前的第三个人出局期间通过本垒，故得分无效。

【例2】2人出局，满垒，击球员击出本垒打，4人都返回本垒，击跑员未踏触一垒，经守方申诉成立出局。因击跑员踏触一垒前成为第三个人出局，故所有得分均无效。

【规则说明2】后位跑垒员得分的有效性并不被前位跑垒员行为所影响，除非在2人出局的状况。

【例1】一人出局，跑垒员占一垒、二垒，击球员击出场内本垒打（Home run inside the park），二垒跑垒员进入本垒前漏踏触三垒，一垒跑垒员及击跑员得分，守方持球于三垒向裁判员提出申诉，原二垒跑垒员出局，一垒跑垒员及击球跑垒员得分有效。

【规则说明3】两人出局，跑垒员占一垒、二垒，击球员击出场内本垒打，3人都返回本垒得分，但二垒跑垒员漏踏触三垒，经守方申诉成立，第三个人出局，一垒跑垒员及击球员得分无效。

【规则说明4】前位跑垒员在进垒的过程中未踏触某一垒，或者在高飞球或平飞球被接住后未履行再踏触垒（Retouch）规定，经守方申诉成为该局的第三个人出局时，后位跑垒员得分无效。

【例】一人出局，跑垒员占二垒、三垒，击球员击出中外场高飞球被接杀，2人出局；三垒跑垒员于高飞球被接住后得分，二垒跑垒员因守场员向本垒的暴传得分；但经守方申诉三垒跑垒员在高飞球被接触前提早离垒成立，第三个人出局，得分均无效。

【规则说明5】2人出局，满垒，击球员击出的球越过围栏成为本垒打，击球员被守方申诉，因为漏踏一垒被宣判出局，成为第三个人出局，得分全部无效。

这里一般性说明适用于以下情况：当跑垒员漏踏某一垒位而守场员持球在被漏踏的垒位上，或者当高飞球或平飞球被接住后，守场员持球在跑垒员最初占据的垒位上并提出申诉要求裁判员判罚。当裁判员支持该申诉时，跑垒员被判出局；其他跑垒员在可能的情况下可以得分，除非在2人出局后，如果守方的申诉被裁判员支持时，跑垒员在漏踏垒的那一刻出局，并因此影响到在漏踏垒那一刻之后跑垒员的得分无效。

【规则说明6】一人出局，跑垒员占一垒、三垒，击球员击出右外场的高飞球被接杀成2人出局。三垒跑垒员于高飞球被接杀时踏在三垒，并在球被接住后跑进本垒得分。一垒跑垒员试图返回一垒，但因右外场手的传球使其出局，成为第三个人出局；但三垒跑垒员已在因右外场手传球使一垒跑垒员出局前得分。因不是封杀（Force play），故三垒跑垒员的得分有效。

规则5.09 制造出局（Making an Out）

（a）使击球员出局（Retiring the Batter）

在下列情况下，击球员应出局。

（1）击出界内高飞球、界外高飞球或平飞球（擦棒被接球除外）为守场员合法接住。

【5.09(a)(1)注释】守场员可伸手进入但不得踏入队员席去接高飞球或平飞球，如果因此能接住并持有该球，应视为"合法接住"。守场员如果试图于队员席或其他比赛无效区（例如观众席）附近接住界外高飞球时，必须有一只脚或两只脚位于比赛场地（含队员席的上沿）的上方或上空，并不得有任一只脚踏在队员席内的地面或任何比赛无效区内，此时继续比赛。如果守场员完成合法接住后踏入或跌入队员席或比赛无效区内，此情形为死球局面，跑垒员的进垒依规则5.06(c)判定。

接住（Catch）： 指飞行中的击出球、投球或防守员的传球被守场员在落地前牢固地握在手或手套中的防守行为。但使用帽子、头盔、护具、口袋或比赛服的任何部分将球掌控住的情况不得视为接住。

与球触及的同时，或随后因与其他队员、墙壁碰撞或倒地，并因为这种碰撞或倒地而致使球落地，不视为接住。

守场员碰触高飞球或平飞球后，该球又碰触到攻方任何队员或裁判员，虽再由另一守场员接住，也不视为接住。

对接住的有效性应按守场员有足够的时间以证明他完全地控制了球。他的传球出手是自主的，并且是有意识的。守场员如果已经完成接住球，在随后的传球动作中使球落地，该球应该被判断为已经被接住。

【接住注释】球在碰触地面之前，如果最后由任何守场员掌控住都视为合法接住，即使球在手套里弹跳，或在触地前由其他守场员接住。跑垒员于第一位守场员接触高飞球的瞬间即可离垒。守场员可伸出围墙、栏杆、围绳或其他边线，也可跳至栏杆上方或置于界外区域的帆布上做出接住行为；这些动作属于冒险情况下的接球行为，将不适用任何妨碍的规定。

守场员试图于队员席边缘做出接球行为，他靠着任一队的队员支撑扶持而免于明显的跌倒，在这种情况下完成接住球时，应视为接住。

【注】高飞球在落地前先触及接手身上的面罩或护具，

再由接手接获时为接住（相关擦棒被接球规定参照定义）。但如果以手或手套以外的用具（如接手的护具或面罩）接住球，不能判为接住。

（2）第三个好球被接手合法接住（Legally caught）。

【5.09(a)(2)注释】合法接住，是指球在落地前进入接手的手套。如果球停留在接手衣服或其他随身用具，或触及裁判员后反弹被接进手套，都不可视为合法接住。擦棒球最初碰触接手的手套继续向后，在落地之前，被接手用两手捂在身体或护胸上接住时为好球，如果属第三个好球时，击球员出局。如果擦棒球最初碰触接手的手或手套，接手以手或手套将其覆盖于身体或护胸上则视为接住。

（3）在2人出局前，一垒有跑垒员，第三个好球未被接手合法接住。

【注】在2人出局前，跑垒员占一垒（或一垒、二垒，一垒、三垒，一垒、二垒、三垒）的情况下，被宣判为第三个好球的投手投球，接手漏接而进入司球裁判员或接手面罩中时为死球局面，也适用于本条规定，击球员应被判出局，而垒上跑垒员可以安全进一个垒。

（4）击球员将第三击触击成为界外球。

（5）击出球被宣判为内场高飞球（Infield Fly）。

（6）击球员试图击打第三个好球未中,而被球触及身体(包括触击)。

（7）击出的界内球未触及守场员前（包括投手），触及击跑员。但如果击跑员是在击球员区合法位置内，经裁判员判断无意图妨碍球的路线时，击出球碰触击跑员或其球棒，应判为界外球。

（8） 挥击或触击的界内球，击球员的球棒于界内区域再次打到球，此时为死球局面，跑垒员不得进垒。如果击跑员随手丢落球棒，而球于界内区滚动到球棒时，依裁判员的判断，击球员无故意妨碍球的滚动路线时，该球为活球，继续比赛。如果他是在击球员区合法位置内 [参照规则 5.04(b)(5)]，经裁判员判断无意图妨碍球的路线时，击出球碰触击跑员或其球棒，应判为界外球。

【5.09(a)(8)注释】球棒断裂后部分在界内区域被击出的球碰触，或断棒部分打到跑垒员或守场员时，攻守行为（Play）应继续进行，不判妨碍行为；击出的球在界外区域碰触断棒部分时为界外球。

如果整支球棒被抛入界内或界外区域并且妨碍守场员试图进行防守行为（Make a play）时，应宣判妨碍，无论是否故意。

头盔在界内区域或界内区域上空被击出的球偶然打中或被传球打中情况下，继续比赛，就如同球没有打到头盔一样。但击出的球于界外区域碰触头盔或地面上的外物时为界外球，并成为死球局面。

如果经裁判员判断，跑垒员故意以丢下头盔或者将头盔抛向球的方式妨碍击出的球或传球时，应判该跑垒员出局，并成为死球局面。其他跑垒员应返回原合法占据的垒位。

（9） 挥击或者触击出的球于界外地区继续滚动，击跑员在跑向一垒时，故意以任何方式使球的滚动路线偏转，此时为死球局面，跑垒员不得进垒。

（10） 第三击未中的球未被接住或击出界内球后，在踏触一垒位前击球员或者一垒被持球触及。

【注】持球触及身体或垒位时，必须持球于手套或手中，触及后也须合法持球。球在手套或手中弹跳，或用手腕与球接触于胸部试图使球停止，此期间不得视为合法接住。

（11） 击跑员跑在本垒与一垒间的后半段，在球被传向一垒进行防守行为的过程中，他跑出跑垒限制道外侧（右侧）或跑入边线内侧（左侧），裁判员判定他这样做妨碍到守场员接住向一垒的传球时，此时为死球局面。

【例外】击跑员为闪避守场员对击出球的处理而跑出跑垒限制道外侧或跑入边线内侧时，不视为妨碍。

【5.09(a)(11)注释】用以标出跑垒限制道的白线是跑垒限制道的组成部分，跑垒员的两脚须在跑垒限制道内或在标出跑垒限制道的白线上。
击跑员只是出于触及一垒的目的，可允许其在紧邻一垒的位置采取踩踏、跨步用手触或滑垒方式，离开跑垒限制道。

（12）2人出局前，跑垒员占据一垒（一垒、二垒，一垒、三垒，或一垒、二垒、三垒）时，内场手故意失接界内高飞球或平飞球，此时为死球局面，所有跑垒员应返回原垒。

【规则说明】在此情况下，如果内场手未触及击出的球而任其落地，则击球员不出局，继续比赛。但适用内场高飞球（Infield fly）规则时除外。

【注1】本项规定应指易于接住的高飞球或平飞球在落地前，内场守场员以一手或两手包括手套确实碰触球后，再故意掉落时应视为故意失接。

【注2】投手、接手及外场手位于内场区防守时视同内场手，但预先位于外场区的内场手则不能视为内场手。

（13）经裁判员判定，前位跑垒员故意妨碍了正在试图接传来球的守场员，或者正要传球试图完成任何防守行为的守场员。

【5.09(a)(13)注释】本项规则的目的是惩罚攻方蓄意、无正当理由及违反体育精神的行为。跑垒员不以进垒为目的，而是故意跑离垒线撞击双杀防守中做双杀转传的守场员（Pivot man）。这个攻守行为的判罚完全由裁判员判定。

【注】本项规定虽未规范有关未出局前跑垒员的罚则，但依5.09(b)(3)规定，除判该跑垒员出局外，同时也判击球员出局。对于已出局的跑垒员的妨碍行为，则依据6.01(a)(6)的规定处理。

（14）两人出局，跑垒员在三垒，击球员两击，下一个合法投球时三垒跑垒员试图盗向本垒，投球在击球员的好球区内触及该跑垒员。此时司球裁判员应宣判"Strike

Three"，击球员出局，不计得分。如果为两人出局前，司球裁判员应宣判"Strike Three"，击球员出局，并成为死球局面，应计得分。

【注】两人出局前，不论其他跑垒员有无盗垒行为，所有跑垒员都可进一个垒。[参照 5.06(c)(8)]

（15）除跑垒员以外的攻方人员，妨碍守场员接住击出的球或者对击出的球进行防守时。[参照 6.01(b)；跑垒员妨碍防守参照 5.09(b)(3)]

（b）**使跑垒员出局**（Retiring a Runner）
在下列情况下跑垒员出局。

（1）跑垒员为躲避触杀，离开跑垒路径（Base path）3 英尺（0.914 米）以上。但为避免妨碍正在防守击出球的守场员除外。跑垒员的跑垒路径在守场员触杀意图发生时才会确立，该路径是从守场员触杀意图发生时，跑垒员所在位置至他试图安全到达的垒之间的直线。

（2）跑垒员踏触一垒后离开跑垒路径，明显地放弃努力去进占下一垒位。

【5.09(b)(1)、5.09(b)(2) 注释】任何跑垒员在到达一垒后，自认为已无进一步的攻守行为（Play），离开跑垒路径走向队员席或其防守位置时，如果裁判员判定跑垒员的动作为他放弃努力跑垒，该跑垒员可被宣判出局，但其他跑垒员仍处于继续比赛的状态。

上述规定同时适用于以下类似的状况。
【例1】两人出局前，在最后一局双方比分相等，跑垒员在一垒，击球员将球击出场外取得制胜得分。一垒跑垒员踏触二垒后，认为因本垒打自动赢得比赛胜利，就斜穿过内场径直跑向队员席，而击跑员则正常踏垒绕场跑进。此情形下跑垒员因放弃努力进占下一垒位而被宣判出局，击跑员允许继续跑垒并使得分有效。如果为两人出局时，本垒打将不计分[参照5.09(d)]，此情形不是申诉局面。

【例2】跑垒员自认为在一垒或三垒被持球触杀出局而开始走向队员席，经过相当距离后仍通过如此行为显示他认为自己出局了，此时可依照放弃跑垒而将他宣判出局。

（3） 跑垒员故意妨碍传球或妨碍正在试图处理击出球的守场员。

> **罚则：** 适用跑垒员故意妨碍传球，或妨碍正在试图处理击出球的守场员时的罚则，参照6.01(a)妨碍的罚则。

【注】所谓"守场员试图处理击出球"，应指自守场员对击出球开始行动，至完成传球的行为止。因此如果跑垒员妨碍前述的任何防守行为，视为妨碍正在试图处理击出球的守场员。

【注】跑垒员虽按照规则5.09(a)(11)、5.09(b)(1)的规定于合法跑垒路径内跑垒，但如果经裁判员判定构成妨碍正在试图处理击出球的守场员的行为，则适用于本项罚则，应宣判跑垒员出局。

（4） 跑垒员在活球时离垒被持球触及身体。

【例外】击跑员在跑过或滑过一垒后立即返垒时，不得因被持球触杀而被判出局。

【规则说明1】跑垒员安全到达垒位后，如果因冲撞致使垒包离开原位置，对于在该垒位上的这名跑垒员的任何防守行为都无效。

【规则说明2】在一个攻守行为中，如果垒包从原位置脱落，同个攻守行为里的任何后位跑垒员依裁判员判定触到或者占据垒包脱离前该垒的标识点位置时，就被认为是触到或者占据该垒位。

（5） 界内或界外高飞球或平飞球被合法接住后，因离垒过早，在返回原占垒位"再踏垒"之前，被守场员持球触及身体或垒位。

此状况为申诉行为（Appeal play），如果在投手投下一个球或下一攻守行为开始前未提出"申诉"，跑垒员即便未履行"再踏垒"义务也不能被判出局。[参照5.09(c)]

【5.09(b)(5)注释】擦棒被接球时，跑垒员无须履行再踏垒义务。他可以在擦棒被接球时盗垒。擦棒球未被接手接住时为界外球，跑垒员须返回原垒。

【注】高飞球或平飞球被接住时，跑垒员进垒前应履行再踏垒（Retouch）的规定，进垒的起点为投手投球当时跑垒员占据的垒。

（6） 垒上跑垒员因击球员成为跑垒员而形成被迫进垒的状况后，他在踏触下一垒位前被守场员持球触及身体或垒包（此出局为封杀出局 Force out）。然而其后位跑垒员在封杀前已先出局，该跑垒员被迫进垒状况被消除，他只有被持球触及身体时，才会被判出局。

一旦跑垒员触及被迫要进占的垒位时，他的被迫进垒状况即刻被消除。如果滑垒过头而离垒或者跑垒过头而离垒时，他只有被持球触及身体，才会被判出局（此出局为触杀出局 Tag out）。

如果被迫进垒的跑垒员在踏触下一垒位后，不论任何原因退回上一占据的垒位时，则被迫进垒状态又被恢复。守场员持球触及其被迫进占的垒位时，该跑垒员将被判出局（此出局为封杀出局 Force out）。

【5.09(b)(6) 注释】

【例1】跑垒员在一垒，击球员球数为三坏球，在投手下一球投出前跑垒员盗垒，这一投球为第四个坏球，跑垒员触及二垒后又跑离或滑离垒位，在回垒前被接手传球触杀，跑垒员应被判出局。封杀出局（Force out）已被消除［参照5.05(b)，滑垒过头而离垒（Overslide），或跑垒过头而离垒（Overrun）的情况会出现在除一垒之外的垒位］。

【例2】两人出局前，跑垒员占一垒、二垒，或一垒、二垒、三垒的情况下，内场手试图对击出球进行双杀，一垒跑垒员先于传球到达二垒但滑离垒位，球再被传至一垒使击跑员出局。一垒手见二垒跑垒员离开了垒位随即回传球至二垒，将跑垒员触杀出局，与此同时其他跑垒员通过了本垒。

【问】这是否是封杀出局？被迫进垒状况是否在击跑员于一垒出局时被消除了？在跑垒员被触杀在二垒成为第三个人出局前，进入本垒的得分是否有效？

【答】得分有效，这不是封杀出局，而是触杀出局。

（7） 在球触及内场手（包括投手）前或通过内场手（投手除外）前，跑垒员被击出的界内球在界内区域触及，此时成为死球局面，除因被迫进垒的情况外，跑垒员不能进垒及得分。[参照 5.06(c)(6)、6.01(a)(11)]

【例外】踏触在原垒位上的跑垒员被内场高飞球触及时，他不会出局，仅击球员出局，此时为死球局面。

【5.09(b)(7) 注释】两位跑垒员被同一界内球触及时，仅第一个被触及的跑垒员出局，因为即刻成为死球局面。未踏触原垒位的跑垒员被内场高飞球触及时，击球员及该跑垒员都出局，此时为死球局面。

【注1】界内球未触及守场员前触及跑垒员时，不论跑垒员是否故意，都出局。

【注2】①未通过内场手前触及垒包而又反弹的界内球，于界内区域触及跑垒员时，应判他出局，并成为死球局面。②通过内场手后，触及垒包而又反弹的界内球，于该内场手后方的界内区域触及跑垒员时，如果其他任何内场手对该击出的球都无防守机会时，不得以被击出球触及为理由判跑垒员出局，此时为继续

比赛局面。

【注3】触及垒包的界内球，于界外区域触及跑垒员时，不判该跑垒员出局，仍继续比赛。

【注4】本项规定【例外】所踏触的垒，是指投手投球前跑垒员所占据的垒。

【注5】跑垒员触及被宣判为内场高飞球的击球时，无论该跑垒员是否在垒上，都为死球局面。

（8） 2人出局前，在跑垒员试图进本垒得分的攻守行为中，击球员妨碍了守方在本垒的防守。 2人出局后，由于此妨碍应判击球员出局，得分无效。[参照6.03(a)(3)、6.01(a)(1)、6.01(a)(3)]

【注】守方在本垒的防守行为，是指守场员（包括接手）持球或追逐触杀试图得分的三垒跑垒员的行为，或传球给其他守场员试图使跑垒员出局的行为。

【注】本项规定为两人出局前，当三垒跑垒员试图得分时，击球员在本垒妨碍守场员防守行为而设立的规定。例如，击球员妨碍接手接球做触杀行为，或挥击投手退出投手板的传球等在本垒上妨碍守场员的防守行为时，不判击球员妨碍防守出局，应判三垒跑垒员出局。
如果三垒跑垒员刚奔向本垒，途中又试图返回三垒，虽接手受到击球员的妨碍，但不适用本项规定。

【注3】本项规定仅适用于妨碍本垒防守的击球员，对于完成击球任务但尚未出局的击跑员妨碍防守时则

不适用。例如，在采取抢分（Squeeze Play）战术时，击跑员触及击出的球或妨碍了处理击出球的守场员，应依本规则5.09(a)(7)、6.01(a)(1)注释的规定，判击跑员出局，且为死球局面，三垒跑垒员应返回投手投球时所占的三垒。有关击球员被宣判第三个好球但未出局前，或被宣判四坏球后的妨碍，参照规则6.01(a)(1)【注】。

（9） 在前位跑垒员出局前，后位跑垒员超越前位跑垒员，宣判后位跑垒员出局。

【5.09(b)(9)注释】后位跑垒员被判定为超越了前位跑垒员可以基于他自己的动作行为或者前位跑垒员的动作行为。

【判例】2人出局前，二、三垒有跑垒员。三垒跑垒员（即前位跑垒员）做出向本垒跑进行为，但在三垒与本垒之间被往返追逐夹杀。二垒跑垒员相信他的前位跑垒员会在夹杀中被触杀出局，他（即后位跑垒员）就进占到三垒。在被触杀之前，前位跑垒员跑回并越过三垒朝向左外场方向跑出。在此时，后位跑垒员由于前位跑垒员的动作行为造成他已经超越了前位跑垒员。此种情形下，后位跑垒员被判出局，三垒垒位未被占据。前位跑垒员在出局前可以返回踏触三垒并有权占据三垒。参见规则5.06(a)(1)，除非他因为放弃跑垒而被宣判出局。

【注1】因继续比赛而出现的行为（如暴传、本垒打或越过围栏外的界内安打等），给予跑垒员安全进垒

权时，也适用本项规定。

【注2】本项规定为前位跑垒员与后位跑垒员的顺序互相交换时，应判后位跑垒员出局。例如，甲为二垒跑垒员，乙为一垒跑垒员，如果乙超越甲则应当判乙出局。但逆向跑垒时，如果甲超越乙，也应判后位跑垒员乙出局。

（10）跑垒员合法占据垒后，他出于迷惑守方的防守或愚弄比赛目的而颠倒跑垒顺序，裁判员应立即宣判暂停，并宣判该跑垒员出局。

【5.09(b)(10)注释】跑垒员已到达下一垒位后，误以为高飞球被接住或被诱骗，试图返回原占据的垒位途中被持球触及身体，应判其出局。但如果已到达原占据的垒并踏触于垒上，被持球触及身体不宣判出局。

【注】例如，击球员击出一垒的地滚球，为避免被一垒手持球触及身体，在不离开3英尺（0.914米）的限制范围内，向本垒方向逆跑是允许的，一旦到达本垒即被判出局。

（11）击跑员跑过或滑过一垒后，未立即返回一垒。如果他企图有向二垒跑进的行为而被持球触及身体时为出局；如果他跑过或滑过一垒后，走向队员席或其防守位置，未能立即返回一垒时，守场员持球触及跑垒员身体或垒位提出申诉即出局。

【5.09(b)(11)注释】击跑员踏触一垒后跑离垒位，依规则 5.08(a) 规定"已到达一垒"被裁判员宣判安全（Safe），在这一攻守行为中返回本垒的得分有效。即使该跑垒员随后因未能及时返回一垒而成为第三个人出局，如 5.09(b)(11) 所述，其得分依然有效。

（12）跑垒员跑进或滑进本垒时，未能踏触到本垒，并且无意图返回再踏触本垒时，当守场员持球触及本垒并向裁判员提出申诉裁决。

【5.09(b)(12)注释】本项的规定仅适用于跑垒员未踏触本垒而走向队员席，从而迫使接手或守场员必须向跑垒员追逐做触杀的情况。在正常的攻守行为中，未踏触本垒的跑垒员在被持球触及前立即尽力试图再踏触本垒位的情况，不得适用本项；跑垒员必须被持球触及才出局。

（13）守方正在对跑垒员做出传杀行为时，跑垒员之外的攻方人员妨碍守场员试图接传出球的防守行为。有关跑垒员的妨碍，参照规则 5.09(b)(3)。

（c）申诉行为（Appeal Plays）

在下列情况下，跑垒员由于守方申诉应被宣判出局。

（1）高飞球或平飞球被接住后，跑垒员未能在被持球触及身体或原垒位前再踏触原垒位。

【5.09(c)(1)注释】本项的再踏垒（Retouch）为高飞球或平飞球被接住后，踏触在原垒包并且在接触原垒包的状态下开始跑进。跑垒员不被允许采取站在原垒

位后方事先起跑并在飞球被接触时跑动踏垒（Flying Start）的行为。采取这种跑垒时，经守方申诉，跑垒员被判出局。

（2） 继续比赛局面，跑垒员进垒或返垒时，在他或者他漏踏的垒位被持球触及前，该跑垒员未能逐一踏触每个垒位。

【规则说明】漏踏垒位（Missed base）的跑垒员：① 如果后位跑垒员已得分，跑垒员不得再返回补踏；② 成为死球局面时，跑垒员已到达漏踏垒位的下一垒位后，他不得再返回补踏所漏踏的或者离垒过早的垒位。

【5.09(c)(2) 注释】

【例1】击球员击出飞越本垒打墙的本垒打，或场地规则的二垒安打却漏踏一垒（死球局面），在他踏触二垒之前，可以返回补踏一垒以改正错误；但是他一旦踏触二垒就不能再返回一垒，如果守方提出申诉时，他在一垒被宣判出局。

【例2】击球员击出游击手方向的地滚球，游击手暴传进入观众席（死球局面），击跑员漏踏一垒，但是因为暴传而给予安全进到二垒。此时虽因暴传，裁判员给予跑垒员安全进到二垒的权利，但在进入二垒前必须补踏一垒，否则有被守方申诉出局的危险。此类状况为申诉局面。

（3） 击跑员跑离或滑离一垒，因未能立即返垒而被持球触及身体或垒位。

（4） 跑垒员未能踏触本垒也无意返回补踏本垒，被持球触及本垒。

基于本条规定的申诉，必须在投手开始下一投球前，或进行下一攻守行为前，或试图进行下一攻守行为前提出为有效。如果申诉发生在互换攻守时，则应于守方队员离开场地之前提出申诉方为有效。

为了申诉所做的行为，不视为做出或试图做出防守行为。

对同一跑垒员不得在同一垒位连续提出申诉。如果防守方第一次的申诉出现失误后，裁判员不得允许防守方对同一跑垒员在同一垒位提出第二次申诉。例如，投手申诉向一垒的传球进入观众席时，则不允许再次向一垒提出申诉。

申诉行为可能要求裁判员确认一个明显的"第四个人出局"，如果在一个防守行为中造成了第三个人出局，期间又对另一跑垒员提出申诉并被裁判员宣告申诉有效时，优先以申诉的出局作为第三个人出局。此外，如果有一个以上的"申诉"造成第三个人出局而交换攻守时，守方可以从中选择对本队有利的一个"申诉"作为第三个人出局。出于这条规则的目的，防守方队员"离开比赛场地"的情形为投手及所有内场手离开界内区走向队员席或休息室时。

【5.09(c)注释】2人出局，如果两名跑垒员先后到达本垒，前位跑垒员漏踏本垒，后位跑垒员合法踏触本垒，前位跑垒员试图返回并触及本垒时被触杀出局，或经申诉出局时，将被判定为在后位跑垒员得分之前成为第三个人出局，后位跑垒员的得分无效。［参照规则 5.09(d)］

如果投手在提出申诉时发生投手犯规，这一行为将被视为防守行为，而失去申诉时效。进行申诉时，防守方应以言词或能让裁判员了解的动作，做出明显要求申诉确认的表示。防守队员不经意地持球站在垒上，不能构成申诉，此时应继续比赛。

【注1】申诉权利消失的防守行为，应包含投手及守场员的防守行为。例如，击球员击出二垒安打并到达二垒，但途中漏踏一垒；比赛恢复进行后，投手向一垒提出申诉发生暴传，但球仍停留在场内，一垒手拾球后仍可于一垒提出申诉；但如果向三垒传球试图触杀二垒跑垒员时，则失去向一垒提出申诉的权利。

【注2】不论在攻守交换或比赛结束后，当投手及所有内场手离开界内区域时，即失去申诉的时效。业余棒球在比赛结束时，当两队在本垒集合列队，申诉权利即消失。

【注3】进行申诉时，应以明显言词及动作进行表示。如果同一垒有两位跑垒员通过，对于漏踏垒位而提出申诉时，应明确地指出申诉的对象。例如，甲乙丙3位跑垒员通过三垒，如果乙漏踏垒，应明确表示提出对乙的申诉，如果误认为对甲申诉而未得到裁判员判定时，可以再对乙或其他通过该垒的跑垒员提出申诉。

【问】一人出局，跑垒员占一垒、三垒，击球员击出外场高飞球，两位跑垒员同时向前进垒，该高飞球为外场手接住后，已离垒少许的三垒跑垒员返回踏触三垒再进入本垒，一垒跑垒员已踏触二垒向三垒前进，又逆向返回一垒，外场手将球传于二垒，并于一垒跑垒员踏触二垒前，由二垒手持球触及二垒提出申诉,是否成为第三个人出局?

【答】不成为第三个人出局。因该跑垒员返回一垒前二垒是其必经的垒,所以,虽然持球触及二垒,也不能成为出局。除非持球触及该跑垒员或持球触及进垒的起点(一垒),否则不能成为出局。

【问】一人出局,跑垒员占一垒,击球员击出外场高飞球,跑垒员经过二垒进至三垒附近,该高飞球被外场手接住,此时跑垒员未经二垒而直接返回一垒。此时应用什么方法提出申诉,才能使跑垒员出局?

【答】持球触及该跑垒员或持球触及二垒提出申诉。

【问】2人出局,跑垒员占二垒,击球员击出三垒安打,跑垒员得分,击球员占三垒但未踏触一垒及二垒,守方持球触及二垒提出申诉,裁判员宣判跑垒员出局,得分是否有效?

【答】得分应有效。但是,如果守方先对一垒提出申诉,该得分将无效。如果在二垒提出申诉后再传球至一垒提出申诉,一垒的出局可以取代原先的第三个人出局,因此得分将无效。

【问】一人出局,跑垒员占一垒、二垒,击球员击出右外场方向高飞球,两位跑垒员都离垒过早,该高飞球被右外场手接住,二垒跑垒员已踏触本垒,但一垒跑垒员见高飞球被接住就试图再返回一垒,右外场手将球传向一垒,一垒手于一垒跑垒员返回一垒前持球触及一垒成为第三个人出局。因二垒跑垒员在一垒跑垒员出局之前踏触本垒,该得分是否有效?

【答】因不是对二垒提出申诉，得分应有效。虽然已经宣判第三个人出局成立，防守方仍可运用较有利的申诉取代之前的第三个人出局。如果再向二垒提出申诉，则二垒跑垒员因未履行再踏垒的规定将被判出局，因此得分将无效。

(d) 前位跑垒员未能踏触垒位的影响（Effect of Preceding Runner's Failure to Touch a Base）

除非2人出局，否则后位跑垒员的进垒状态将不会因前位跑垒员漏踏垒位或履行再踏垒位的过失而受影响。如果前位跑垒员因守方提出申诉成立而成为第三个人出局，后位跑垒员的得分将无效。如果该第三个人出局为封杀出局（Force Play），则无论前位或后位跑垒员的得分都无效。

(e) 交换攻守（Retiring the Side）

当三名进攻队队员依规定出局时，则该队上场防守，对方队成为进攻队。

规则 5.10 队员替换与更换投手（含教练员去投手区）Substitutions and Pitching Changes（Including Visits to the Mound）

(a) 在成为死球局面时，一名或数名队员可以被替换。替换上场的队员应按照被替换队员在上场队员名单上的次序击球。

(b) 主教练应立即通知司球裁判员所要进行的队员替换，并向司球裁判员表明该替换队员在上场队员名单的位置。

【5.10(b)注释】为了避免产生混淆，主教练应表明替换队员的姓名、在上场队员名单上的击球次序及防守位置。如果防守方同时有两名或两名以上替换队员上场时，主教练应立即在这些队员上场进入其防守位置前，向司球裁判员

指定这些队员在本队上场队员名单上的击球次序，而司球裁判员也应依此通知正式记录员。如果此信息未立即告知司球裁判员，则司球裁判员有权指定这些队员在上场队员名单上的击球次序。

如果要进行双替换（Double-Switch，同时替换投手及守场员并替换投手及守场员的击球次序）时，主教练应首先通知司球裁判员。在主教练召唤新的投手之前，司球裁判员必须被告知这一多重替换和击球次序的互换（不管主教练或教练员在跨过边线前是否宣布了双替换）。向投手练习区做出信号或手势即判定为正式更换投手。主教练或教练员不被允许先上投手区，召唤新投手，然后才向司球裁判员告知要进行多重替换和击球次序互换的意图。

经替换退场的队员，可以待在该队队员席内或协助投手进行热身。主教练自己替换其他队员，可在队员席或跑垒指导区内继续指挥球队。裁判员不允许经替换退场仍留在队员席的队员，向对方队员、主教练或裁判员有任何不当的言行。

（c） 司球裁判员接受任何替换通知后，应立即宣布或由他人宣布每一个替换。

（d） 队员一旦退出比赛后，不得再次上场比赛。如果已经被替换退出比赛的队员，不管以任何身份试图再次上场比赛，司球裁判员一旦发现该队员出现在场上，或者经其他裁判员或任一教练员告知该队员出现在场上时，司球裁判员应该指示该队员的主教练令其即刻从比赛中退出。当已被替换退出比赛的队员再次不当上场的情况发生时，如果令其退出比赛的指示下达在攻守行为开始之前，那么对他进行替换的队员可以上场进行比赛。如果令其退出比赛的指令下达在攻守行为开始之后，那么对他进行替换的队员将被认定为已经退出了比赛，也不得再上场比赛（除了令在场上的被替换下场的队员退出比赛之外）。如果替换者是以队员兼教练员身份进入比赛，这之后，作为教练员还可以去到指导员区。如果防守方同时有两名或两名以上替换队员上场，主教练应立即在这些队员上场进到其防守位置前，向司球裁判员指定这些队员在本队的击球次序，而司球裁判员也应依此通知正式记录员。如果此信息未立即告知司球裁判员，则司球裁判员有权指定这些队员的击球次序。

【5.10(d)注释】同一局中投手只可以更换去其他防守位置一次，也就是说投手不能在同一局中担任投手位置之外的其他防守位置多过一次。

投手以外的任何队员替换因受伤而退出比赛的队员时，可有5个热身传球。[有关投手则规定于5.07(b)]

当所发生的攻守行为是在已经被替换下场的队员出现在比赛中时，这个攻守行为有效。如果依裁判员判定，队员明知曾经被替换而又上场比赛时，裁判员可将主教练驱逐出场。

【注】业余棒球规定，退出比赛的队员可以担任跑垒指导员。

（e）在上场队员名单内的队员，不得替代其他队员跑垒。

【5.10(e)注释】本规则在禁止Courtesy Runner（对方善意允许下的代跑者）的使用，即上场比赛的队员或已退出比赛的队员，不得替代队友跑垒。未在上场队员名单内的队员，一旦成为代跑者后，视为已上场比赛。

（f） 依本规则 4.02(a)、4.02(b) 的规定，交付司球裁判员的上场队员名单上所列投手，应投球至第一位击球员或替补击球员出局或上一垒。但司球裁判员判定投手因受伤或疾病无法投球时除外。

（g） 更换投手后，替换出场的投手应投球至当时的击球员或其替补击球员出局或上一垒或至攻守交换为止。但司球裁判员判定投手因受伤或疾病无法投球时除外。

（h） 如果投手的替补发生错误时，裁判员应立即指出并改为正确的投手投球，直到符合规定才能进行替换。如果错误替补的投手已投球后，所形成的任何攻守行为成为合法。错误替补的投手对击球员投出一球或使垒上跑垒员出局时，则该投手成为合法投手。

【5.10(h) 注释】主教练违反本项规则欲替补投手时，裁判员应告知该主教练这样做违反规定。司球裁判员因偶尔的疏忽而宣判不恰当的投手上场时，于该不恰当投手投球前，仍可更正此状况。一旦错误替补的投手投出一个球即成为合法投手。

（i） 如果比赛中的投手在走向投手板准备开始投球的途中，越过边线，即必须完成投球至第一位击球员出局或上垒；除非击球员被替换，或司球裁判员判定投手因受伤或疾病无法投球时。如果投手在前一半局结束时，为场上的跑垒员或击球员未回队席，则不受此项规定限制，但如果已踏上投手板开始做热身投球时，则必须完成投球至第一位击球员出局或上垒。

（j） 未经宣布替换的队员上场的状况发生时，以下情形替换队员将判定为已上场比赛。

（1） 替补投手已踏触投手板就位。

（2） 替补击球员已进入击球员区。

（3） 替补守场员已到达被替换的守场员原防守位置且开始比赛。

（4） 替补跑垒员已到达被替换的跑垒员所占的垒。

上述未经宣布替换的队员所进行的攻守行为，以及对这些队员所做的攻守行为都视为合法行为。

（k） 双方场上队员和替补队员，除实际参与比赛或准备上场比赛，或担任一垒、三垒的跑垒指导员外，都应位于本队队员席内。比赛中除场上队员、替补队员、教练员、训练员、球童外，任何人不得进入队员席。

罚则： 违反本条规定者裁判员可予以警告后，将违规者驱逐出场。

【5.10(k)注释】没有在上场队员名单内的伤病队员允许加入赛前热身（活动），比赛中可进入队员席，但不得进行任何活动，如投球热身、骚扰对方人员等行为。也就是说，在比赛中伤病队员不得以任何理由进入比赛场内。

【注1】除准备击球员或代打队员外，任何人不得进入准备击球员区。

【注2】关于被允许进入队员席的人员，在业余棒球比赛中由主办单位自行决定。

（1） 教练员指导投手及要求投手从比赛中退场的规定。

正式棒球比赛中应采用以下有关主教练或教练员指导投手的规定。

（1） 本规则限制主教练或教练员在任何一局对于任一投手只可指导一次。

（2） 主教练或教练员在同一局中对同一投手做出第二次指导时，该投手自比赛中自动退场。

（3） 面对同一击球员时，主教练或教练员被禁止第二次指导投手。但是如果击球员被替换时，主教练或教练员可第二次指导投手，但原投手要退出比赛。

（4） 主教练或教练员离开投手板周围 18 英尺（5.486 米）圆形区域时，他就被视为完成了指导投手。

【5.10(1)注释】如果主教练或教练员去找接手或内场手后，在下一个攻守行为（下一个投球或其他防守行为）之前，接手或内场手再到投手区，或投手再到接手或内场手处，此时视同主教练或教练员指导投手。

主教练或教练员试图逃避或规避本规则的限制，找接手或内场手，再经其去投手区传达转告等方式时，将构成主教练或教练员指导投手。

教练员至投手区更换投手后退出，主教练前往投手区与接替上场的新投手交谈时，构成对新投手指导投手一次。

如果主教练或教练员为了要通知司球裁判员欲进行双替换或替换队员，而暂时离开投手区周围 18 英尺（5.486 米）圆形区域时，不应视为完成指导投手。

主教练已指导投手一次，经裁判员警告不得在同一局或同一位击球员时再去对同一位投手进行指导后，如果主教练仍然第二次前往指导投手时，应勒令主教练退出比赛；该投手被要求必须投球直至面对的击球员出局或成为跑垒员。这之后，这名投手被替换退出比赛；主教练被通知该投手对一位击球员投球后必须被替换退出比赛，因此他可以让替换的投手提前进行热身活动。在这种情况下，裁判员可以根据合理的判断给予替换投手足够多的时间来准备投球。投手受伤时，主教练可向裁判员要求至投手区，如果经裁判员允许，主教练至投手区的次数可以不被计算。

【注1】有关投手区周围18英尺（5.486米）圆形区域的界定，也可以用边线代替。

【注2】主教练或教练员进入投手区退出后越过边线时，该投手即必须投球直至面对的击球员出局或上垒，或攻守交换后才可退出，但由代打击球员替换该击球员时除外。

【注3】更换投手的通告提出后，至比赛再度开始之间，主教练或教练员先令被替换的投手退场并对新任投手指导时，不视为指导投手。
以下状况都须计为主教练或教练员至投手区的次数：①主教练或教练员接近边线对投手有所指示，但靠近边线未做任何指示又折返时除外；②投手跨越出边线接受主教练或教练员的指示；③教练员至投手区更换投手后，返回到界外区域与主教练讨论后再至新任投手处。

【注4】主教练或教练员到投手区更换投手，为对新任的投手做出指示而再次指导投手并返回后。如果对方此时更换代打击球员，主教练或教练员可再到该投手处，但不得立即更换投手，该投手须投球至使该代打击球员出局或成为跑垒员，或攻守交换后才可退出比赛。

【注5】业余棒球由各赛事组委会规定是否适用本项规则。

（m）每场比赛指导投手的次数限制。

以下规则适用于职业队或专业队级别的比赛。非专业队级别比赛可以采用限制次数不同的指导投手规则，或者不限制指导投手的次数。

（1）每队在每9局的比赛中，非更换投手目的指导投手的次数被限定为6次。延长局比赛中，每队在每局可额外获得一次非更换投手目的指导投手的机会。

（2）出于本条规则5.10(m)的目的，主教练或教练员到投手区与投手会面即构成一次指导投手计数。任一守场员离开他的防守位置去与投手商讨，包括投手离开投手区去与守场员商讨，无论发生在场上何处，无论发生时间的长短，也都会构成一次指导投手计数。但是以下4种情况不构成指导投手：

（A）在正常攻守过程中，处于击球员轮击间隙时，投手与守场员之间进行讨论，且无须守场员与投手重新就位；

（B）在雨天情况时，守场员为了清除钉鞋附着的泥土而前往投手区；

（C）在投手受伤或可能受伤情况下，守场员前往投手区；

（D）在宣布攻方换人之后守场员前往投手区。

（3）遇有暗号沟通不清时的规定：当一个球队把一场比赛（或延长赛）所分配的指导投手次数用光后，在司球裁判员判定接手与投手不能就接手之前打出的关于投点或球种的暗号达成共识（暗号沟通不清楚）时，司球裁判员可以应接手的要求准予其前往投手区做简短沟通。然而在球队将所分配的指导投手次数用光前，由于暗号沟通不清而前往投手区将会计入指导投手的计数中。

规则 5.11　指定击球员规则（Designated Hitter Rule）

任何协会或联盟可以决定是否采用规则 5.11(a)。

（a）　指定击球员相关规定如下．

（1）　赛前可指定 1 名击球员代替先发投手及任何后援投手击球，而不影响其在比赛中投球。如果要为投手指定击球员，应于赛前选定并列于递交给司球裁判员的上场队员名单上。如果主教练在上场队员名单上列出 10 名队员，却未指定其中 1 名队员为指定击球员，在司球裁判员宣判比赛开始前，裁判员或任何一方主教练（或该队指名递交上场队员名单者）发现错误时，司球裁判员应指示出现遗漏的主教练在投手以外的 9 名队员中指定一人为指定击球员。

【5.11(a)(1)注释】在上场队员名单上列出 10 名队员却未列出指定击球员，这是一个非常明显的错误，在比赛开始前可允许更正。（参照规则 4.03 注释）

（2）　列出在上场队员名单中的指定击球员，必须上场完成一次击球，除非对方更换投手。

（3）　球队并非受强制必须为投手指定击球员，如果于比赛前未指定，在比赛中不得使用指定击球员。

（4）　对于指定击球员可以被替换击球，任何替换指定击员的队员就成为指定击球员，被替换的指定击球员不得再上场。

（5）指定击球员可以用于担任防守，继续按照他在上场队员名单中的位置按序击球，但是投手则按照被替换的守场员在上场队员名单中的位置按序击球。除非做出一名以上的替换时，主教练应指定投手与替换队员在上场队员名单中的位置。

（6）未上场的队员可以替换指定击球员进行跑垒，该代跑队员以后即承担指定击球员的职务。指定击球员不得代跑。

（7）指定击球员的击球次序在上场队员名单中是固定不变的，不得因任何替换而更改指定击球员的击球次序。

（8）投手一旦担任其他防守位置，则在本场比赛接下来的时间里将不得使用指定击球员。

（9）替补击球员一旦代替上场队员名单中的任一队员击球进而上场担任投手，则在本场比赛接下来的时间里将取消指定击球员。

（10）投手一旦代替指定击球员担任击球或跑垒，则在本场比赛接下来的时间里将取消指定击球员。上场比赛的投手仅限于代替指定击球员击球或跑垒。

（11）主教练在上场队员名单中列出 10 名队员却未指明指定击球者，在比赛开始后，对方主教练将这一未能列明指定击球员的情况提请裁判员关注时。

（A）如果球队已上场防守时，则投手被要求按照列于上场队员名单上未担任防守位置的队员的击球次序进行击球。

（B）如果球队尚未上场防守时，该队主教练可以指定投手在上场队员名单内任一个击球次序进行击球，此后击球次序即按此固定。

在上述任何一种情形下，被投手取代击球的队员将视为被替换下场，而球队在本场比赛接下来的时间里取消指定击球员。在此种未能列明指定击球员的错误向司球裁判员提请注意前所发生的任何攻守行为的结果都为有效，但规则 6.03 (b) 击球次序错误除外。

（12）指定击球员一旦参加防守时，则在本场比赛接下来的时间里将不得再使用指定击球员。

（13）替换指定击球员可等轮到指定击球员击球时再宣告。

（14）当场上的守场员担任投手时，则在本场比赛接下来的时间里将不得再使用指定击球员。

（15）指定击球员除非担任投手练习区接手，否则不准位于投手练习区内。

【注】业余棒球比赛是否采用指定击球员规则，由各协会或联盟规定。

规则 5.12 宣判暂停与死球局面（Calling "Time" and Dead Balls）

（a）当裁判员要暂时停止比赛时，他可以宣布暂停（Time），当司球裁判员宣判继续比赛时即结束暂停状态，比赛继续进行。在暂停与继续比赛之间为比赛暂停状态。

（b）当有一位裁判员宣判暂停，即成为死球局面。有下列情况时司球裁判员应宣判暂停。

（1）根据裁判员判断因天气、光线及其他相似情况使得比赛无法进行时。

（2）因照明设备故障造成裁判员无法执裁比赛时。

【附注】各协会或联盟可以采取自己的规定来管辖因照明设备故障造成比赛中断的情况。

【注1】击出的球、投手的投球与传球、守场员的传球符合规则5.06(b)(4)的规定，或因四坏球、投手犯规、接手或其他守场员的妨碍与阻挡等，跑垒员因而被保送进垒的状况下，照明突然熄灭时，即使各跑垒员未能完成进垒，但进垒仍为有效。

【注2】继续比赛因部分的照明突然熄灭（如因电压下降或部分电塔故障等），是否须暂停比赛或继续进行比赛，依裁判员的判断决定。

（3）因意外状况使队员失去继续比赛的能力，或裁判员丧失执行任务的能力时。

（A）如果发生在跑垒员身上的意外状况使得他无法行使安全进垒权利时，如击出场外的本垒打给予进一个或数个垒的情况，可由其他队员替代跑垒。

（4）当主教练因进行替换队员或为指示其队员而请求暂停时。

【注】主教练应于比赛静止状态中提出暂停，不得在投手正要投球时，或跑垒员正在跑垒时，或比赛正要开始时，或有攻守行为正在进行时提出要求。裁判员如果遇上述不符合规定的暂停要求时，不得宣判暂停，暂停的有效性不在于要求暂停时，而是在于裁判员宣告暂停时。

（5） 裁判员认为有必要检查比赛用球时，或想要与任一方主教练商议时，或由于任何相似原因。

（6） 守场员接住高飞球或平飞球后踏入或跌入比赛无效区时。在垒上各跑垒员无被判出局危险的情况下安全进一个垒。进垒的起点是守场员进入比赛无效区瞬间，跑垒员合法占据的垒位。[参照 5.06(b)(3)(C)]

（7） 当裁判员命令队员或其他人员离开球场时。

（8） 除本条 (2)、(3)(A) 所规定的情形外，不得有裁判员在比赛进行中宣判暂停。

在成为死球局面后，当投手持一新球或原来的球在投手板就位，在司球裁判员宣告继续比赛后，比赛即行恢复。在投手持球就位于投手板位置时，司球裁判员应立即宣告继续比赛。

第六章 不恰当攻守行为、不合法的行为和不当行为
IMPROPER PLAY, ILLEGAL ACTION AND MISCONDUCT

规则 6.01 妨碍、阻挡和接手冲撞（Interference，Obstruction and Catcher Collisions）

（a） **击球员或跑垒员的妨碍**（Batter or Runner Interference）

下述情况时为击球员或跑垒员的妨碍。

（1） 第三个好球未被接手接住时，击跑员明显妨碍正要防守该投球的接手，此时为死球局面，击跑员出局，所有跑垒员应返回投手投球前所占据的垒位。

【6.01(a)(1) 注释】投球因触及接手或裁判员使球路改变方向，随后它触及击跑员时，不视为妨碍；除非依裁判员的判定，击跑员明显地妨碍接手防守该球时，应判为妨碍。

【注】

① 被宣判为第三个好球而尚未出局前，或被宣判四坏球应进一垒的击跑员，明显妨碍试图触杀奔向本垒的三垒跑垒员的接手完成防守动作时，应判击跑员出局，三垒跑垒员返回三垒，其他跑垒员也应返回原垒。

② 被宣判为第三个好球，且依规则 5.09(a)(2)、5.09(a)(3) 的规定，击球员出局成立后，明显妨碍了接手

试图触杀进入本垒的三垒跑垒员的防守行为时，依照规则 6.01(a)(5) 的规定，也应判三垒跑垒员出局。

③ 前述②的情况，明显妨碍了接手试图阻止双盗垒的防守行为时，判其试图触杀的跑垒员出局，其他跑垒员应返回妨碍发生时所占据的垒；如果接手试图触杀的对象不明确时，应判离本垒最近的跑垒员出局。[参照 6.01(a)(5)【注】]

（2） 击球员或跑垒员以任何方式故意使界外球滚动的路线发生偏转。[参照 5.09(a)(9)]

（3） 2 人出局前，跑垒员在三垒，击球员妨碍守场员在本垒做出防守行为，跑垒员出局。

【注】此规定仅重述规则 5.09(b)(8) 的规定。

（4） 攻方队员任何一人或数人站立或聚集在跑垒员正在跑进的垒位旁边，想要扰乱、妨碍或增加防守难度时，该跑垒员将因其队友的妨碍行为被宣判出局。

（5） 击球员或跑垒员在被宣判出局后或得分后，妨碍或阻碍任何守方对其他跑垒员所采取的后续防守行为，该跑垒员将因其队友的妨碍行为被宣判出局。[参照规则 6.01(j)]

【6.01(a)(5) 注释】裁判员不能因为跑垒员或击跑员被判出局后仍然有继续奔跑的行为，而视为扰乱或妨碍守场员的防守。

【注】当有符合本项规定的情况发生，垒上有多名跑

垒员，被妨碍的防守行为如果能明确地判别出所针对的跑垒员时，则判该跑垒员出局。如果防守所针对的跑垒员不明确时，则应判最接近本垒的跑垒员出局。依前述的规定判某一跑垒员出局时，成为死球局面，其他跑垒员应返回发生妨碍瞬间所占据的垒。但处理击出球的守场员，因选择对其他跑垒员采取防守行为受到妨碍时，应判该防守行为所针对的跑垒员出局，其他跑垒员应返回原占据的垒，击球员可进一垒。因击球员成为跑垒员而被迫进垒的一垒跑垒员可允许进至二垒。例如，无人出局满垒，击球员击出游击地滚球，三垒跑垒员被触杀于本垒，但为避免二垒跑垒员在三垒被触杀，三垒跑垒员妨碍接手的传球时，也应判试图进入三垒的跑垒员出局，击球员可进一垒，一垒跑垒员也允许进二垒。

（6）依裁判员判定跑垒员明显妨碍守场员进行双杀而故意碰触击出的球，或妨碍正在处理击出球的守场员时，此时成为死球局面，裁判员应判构成妨碍行为的跑垒员出局，并因攻队队员的妨碍行为同时也判击跑员出局。由于该妨碍行为所造成的进垒和得分均无效。[参照规则 6.01(j)]

（7）依裁判员判定击跑员明显妨碍守场员进行双杀而故意碰触击出的球，或妨碍正在处理击出球的守场员时，此时成为死球局面，裁判员应判击跑员因妨碍行为出局，同时不论双杀可能发生在哪个垒上，判离本垒最近的跑垒员也出局。由于该妨碍行为所造成的进垒和得分均无效。[参照规则 6.01(j)]

（8） 依裁判员的判定，一垒或三垒跑垒指导员碰触或扶持跑垒员的身体，协助其回垒或离垒。

（9） 跑垒员在三垒时，三垒跑垒指导员离开指导区以任何动作引诱守场员进行传球。

（10）未能避开正在处理击出球的守场员或故意妨碍传出的球。但如果两个或两个以上的守场员试图处理击出球时，跑垒员接触到其中一名或一名以上的守场员，裁判员应决定哪一个守场员有权受益于本项规则。如果接触到的是裁判员决定的享有"防守击出球的守场员优先权"之外的其他守场员时，跑垒员不应该被宣判出局。除此之外，裁判员依照规则 5.09(b)(3) 宣判跑垒员出局。如果击跑员被判定未曾妨碍正在处理击出球的守场员，并且跑垒员的妨碍被判定非故意时，击跑员将允许进至一垒。

【6.01(a)(10)注释】当接手正处理击出球，与跑向一垒的击跑员有所接触时，通常不视为违规的行为，故不做任何宣判。只有在采用了不被允许的恶劣、粗暴及非正当的防守行为时，试图处理击出球的守场员所犯行径才被宣判为阻挡（Obstruction）。本规则虽然给予他防守优先权，但是并不是许可他在处理击出球的情形下，故意绊倒跑垒员。如果接手正处理击出球时，而其他守场员（包括投手）阻碍了击跑员，应宣判阻挡，并给予击跑员安全进至一垒。

（11）未触及守场员（包括投手）的界内球，在界内区触及跑垒员或击跑员时。如果界内球经过或穿过内场手，随即触及紧跟其后的跑垒员，或者界内球被守场员改变方向后，触及跑垒员时，裁判员不应该因为跑垒员被击出的球触及而宣判他出局。在做出这样的决定时，裁判员必须确信界内球经过或穿过内场手并且其他内场手不具有对该球做出防守的机会。如果依照裁判员的判定，跑垒员故意且刻意踢开内场手错失防守机会的击出球时，该跑垒员将因为妨碍而被宣判出局。

妨碍的罚则：跑垒员应出局并且成为死球局面。

如果裁判员宣判击球员、击跑员或跑垒员因妨碍出局时，其他的跑垒员除本规则另有规定外，应返回裁判员判定妨碍发生时所合法占据的最后垒位。

当妨碍发生在击跑员到达一垒之前，所有跑垒员应返回投手投球前所占据的垒位。然而如果2人出局前，在本垒先发生妨碍攻守行为（Intervening Play）过程中，跑垒员得分，但随后击跑员因跑出一垒跑垒限制道外妨碍防守被判出局，跑垒员安全进垒得分应为有效。

【6.01(a) 妨碍处罚的注释】跑垒员被判定妨碍试图处理击出球的守场员时，不论该行为是否故意都成为出局。然而跑垒员踏触于合法占据的垒上妨碍到守场员时，不应被判出局，除非裁判员判定这一妨碍行为（不论是发生在界内或界外地区）为故意所为。如果裁判员宣布妨碍为故意，则适用下列罚则：两人出局前，裁判员应宣判该跑垒员及击球员都出局；两人出局时，裁判员应宣判击球员出局。

如果跑垒员在三垒与本垒之间遭夹杀，因妨碍而被宣判出局，后位跑垒员在妨碍行为发生时已占据三垒，裁判员应令其返回二垒。

同样的原则适用于如果在二垒、三垒间遭夹杀的跑垒员因妨碍被判出局时，后位跑垒员已经到达二垒的情况。（推理依据是在妨碍发生的攻守行为中，任何跑垒员不得进垒。同时跑垒员被认为是占据一个垒位直到他合法到达被判定占据垒位的下一个垒位。）

【注】例如，跑垒员占一垒、三垒时，三垒跑垒员在三垒与本垒间被夹杀，因妨碍被判出局时，一垒跑垒员如果在妨碍发生以前进占到二垒时，应准予占据二垒。

（b） 守场员优先权（Fielder Right of Way）

攻方的队员、教练员或其他人员，在守场员试图处理击出球或传球时，必须让出任何位置（包括两侧的队员席及投手练习区）。除跑垒员以外的攻方人员，如果对正要接住击出球或处理击出球的守场员造成妨碍，应成为死球局面，击球员应被宣判出局，所有跑垒员应回到投手投球时占据的垒位。除跑垒员以外的攻方人员，如果对正要接传出球的守场员造成妨碍，应成为死球局面，该传球防守行为所针对的跑垒员应被宣判出局，其他跑垒员应回到妨碍发生瞬间合法占据的垒位。

【6.01(b)注释】守方的妨碍是指守场员妨碍或阻止击球员击打投球的行为。

【例】准备击球员持两支球棒立于准备击球员区，击球员击出界外高飞球，接手奔向准备击球员区试图接住该球，此时下一位击球员虽持一支球棒让出，但接手被留于地面的另一支球棒绊倒，导致未能接获该球。如果经裁判员判定接手确因该球棒而未能接获高飞球时，应宣判击球员出局。

（c） 接手的妨碍（Catcher Interference）

当接手或任一守场员妨碍到击球员时，在无出局危险的情况下，他可安全进至一垒（倘若他跑进并踏触一垒）。如果妨碍发生后有攻守行为继续进行，攻方主教练可在该攻守行为结束后通知司球裁判员，他选择放弃妨碍的罚则，而接受攻守行为的结果。此选择应在该攻守行为结束后立即提出。然而如果击球员因安打、失误、四坏球、投球中身或其他原因到达一垒，且所有其他跑垒员也至少进一个垒时，该攻守行为继续进行而不按照妨碍行为处理。

【6.01(c) 注释】如果接手的妨碍行为被宣判，而与此同时攻守行为正在进行中，裁判员应该允许攻守行为继续，因为主教练可以选择接受攻守行为的结果。如果击跑员漏踏一垒或者跑垒员漏踏他的下一垒位，他应该被认为已经到达垒位。[参照规则 5.06(b)(3)(D)【附注】]。

【例】主教练可能会接受攻守行为结果的举例。

（1）一人出局，跑垒员占三垒，虽击球员受到接手的妨碍仍击出外场高飞球，三垒跑垒员于高飞球被接住后进入本垒得分。攻方主教练可选择：①击球员出局，跑垒员得分；②跑垒员占三垒、一垒（击球员因接手妨碍击球上垒）。

（2）无人出局，跑垒员占二垒，击球员虽受到接手的妨碍仍以触击方式使跑垒员进入三垒，而自己在一垒出局。
攻方主教练可能更愿意选择一人出局，跑垒员占三垒；
而不是无人出局，跑垒员占一垒、二垒。

如果三垒跑垒员试图以盗垒或抢分触击（Squeeze
Play）方式得分时，发生接手妨碍，依照规则6.01(g)
会有额外的处罚规定。

投手投球前，接手妨碍击球员时，不应视为依照规则
5.05(b)(3)所述的妨碍，这种情况下，裁判员应先宣判
暂停（Time），投手和击球员重新开始。

【注1】主教练要选择攻守行为结果代替罚则时，应在该妨
碍的攻守行为结束后立即向司球裁判员提出，一旦提出要
求则不得有所变更。

【注2】主教练要求适用妨碍的罚则时，可依下述解释。
接手（或其他守场员）妨碍击球员的情况下，给予击球员上
一垒。但当三垒跑垒员因盗垒或抢分触击（Squeeze Play）
试图进本垒得分而产生此妨碍时，将判定为死球局面，三
垒跑垒员得分，击球员上一垒。如果三垒跑垒员并未盗垒
或未试图采取抢分触击的情况下，击球员受到接手的妨碍，
成为死球局面，击球员上一垒，被迫进垒者也向下一垒位
前进；不是正在盗垒的跑垒员及不是被迫向下一垒位前进
的跑垒员，应返回妨碍发生瞬间所占据的垒位。

(d)　**非故意的妨碍（Unintentional Interference ）**

被允许进场的人员（参赛的攻方队员或跑垒指导员、裁判
员除外），妨碍正在接球或传球守场员的防守行为时，如
果是非故意的妨碍，则继续比赛，不判为死球局面；如果

是故意进行妨碍，则从发生妨碍的瞬间成为死球局面，裁判员根据如无妨碍可能形成的局面来处理。

【6.01（d）注释】有关前述括号内的攻方队员、跑垒指导员、裁判员的妨碍参照规则6.01(b)、5.06(c)(2)、5.06(c)(6)、5.05(b)(4)、5.09(b)(3)。是否故意妨碍应视当时的行为判定。例如，球童或保安等确有躲避击出球或传球的行为，但仍被球触及时不视为故意妨碍；但如果以脚踢球、捡球或以手推球等行为，则不论其用意如何，都视为故意妨碍。

关于故意或无意妨碍，还可举以下实例说明：击球员击出游击方向地滚球，游击手接球后传球一垒造成暴传，站在一垒跑垒指导区的跑垒指导员为躲避被球击中而卧倒在地，一垒手为追逐失接的球而与跑垒指导员相撞，致使击球员到达三垒。此时，是否判罚妨碍行为要由裁判员做出判断。如裁判员认为该跑垒指导员是在尽一切可能避免妨碍，就不应判罚妨碍行为；如果裁判员认为该跑垒指导员仅仅是故作不妨碍的样子，就应以妨碍行为论处。

（e） 观众的妨碍（Spectator Interference）

当观众妨碍传球或击出的球时，从发生妨碍的瞬间即成为死球局面，裁判员应根据如无妨碍可能形成的局面来处理。

【规则说明】如果观众明显地阻碍守场员接住高飞球，裁判员应宣判击球员出局。

【6.01(e)注释】击出球或传球进入观众席内触及观众成为死球局面，即使球再弹回比赛场内的情况；与观众进入比赛场内或从围栏上空伸入，或从围栏下方及中间空隙穿越，碰触到比赛中的球或触及队员或以任何方式妨碍守场员等

情况，这两者之间是有区别的。后种情况很明显是属于故意的行为，裁判员应该依照 6.01(d) 所列的故意妨碍规定处理。击球员和跑垒员将被置于依照裁判员判定倘若没有发生妨碍情况下所能到达的垒位。

守场员伸手出去围墙、栏杆、绳子外面的范围接球，或进入观众席接球，不会有妨碍行为的判罚。然而如果观众伸手超过赛场的围墙、栏杆、绳子到比赛场地一侧空间内，明显地阻止守场员接球时，则击球员将因观众的妨碍被宣判出局。

例如，一人出局，跑垒员占三垒，击球员击出深远的外场高飞球（不论是界内球或界外球），观众明显地妨碍到试图接球的外场手，裁判员宣判击球员由于观众的妨碍而出局，在宣判的瞬间成为死球局面。裁判员判断因为该击出的球的距离够远，在未受妨碍的情形下如果守场员接住后三垒跑垒员仍能进入本垒，跑垒员被允许回本垒得分；如果为近距离的高飞球，虽然受到妨碍，但是也不能做此判罚。

（f） **教练员及裁判员的妨碍（Coach and Umpire Interference）**

如果传球偶然触及跑垒指导员，或投球、传球触及裁判员时，为活球并继续比赛；如果跑垒指导员妨碍传球时，跑垒员应出局。

【6.01(f) 注释】裁判员的妨碍发生于：①司球裁判员妨碍、影响或者阻止了接手试图阻止盗垒的传球动作或者传杀垒上跑垒员的传牵制球动作；②击出的球通过守场员前（投手除外）在界内区域触及裁判员。裁判员的妨碍也可能发生在他妨碍了接手向投手回传球的传球动作时。

（g） 妨碍抢分触击及盗本垒

如果跑垒员在三垒并试图以抢分触击（Squeeze Play）战术、或盗垒方式（Steal）得分时，接手或任何其他守场员未持球踏在本垒上或其前方，或者触及击球员或其球棒，应宣判投手犯规（Balk），击球员因妨碍获得安全进一垒，并成为死球局面。

【注 1】接手未持球踏在本垒上或其前方，或者触及击球员或其所持的球棒时，都视为接手的妨碍行为。尤其是当接手未持球踏在本垒上或其前方，不论击球员是否在击球员区内，是否试图击球，都视为接手的妨碍行为。至于其他守场员的妨碍可以是一垒手或者三垒手太过于前进，将投手的投球于未通过本垒前拦截，妨碍抢分触击（Squeeze Play）的行为。

【注 2】不论垒上跑垒员是否试图盗垒，因投手犯规给予所有跑垒员进一个垒。

【注 3】不论投手是否进行合法的投球，本项规定都适用。

【注 4】投手依规定离开投手板传球试图触杀跑垒员时，接手可位于本垒上或踏出本垒前，击球员如果挥击该传球时，应按击球员的妨碍进行判罚。

（h） 阻挡（Obstruction）

如果阻挡发生时，裁判员应宣判阻挡（Obstruction）。

（1） 如果守方正在对跑垒员做出防守行为的情况下，该跑垒员受到阻挡时，或击跑员踏触一垒前受到阻挡时，成为死球局面，所有跑垒员在无被判出局危险情况下，可进至由裁判员判定如果无阻挡发生他（们）能够到达的垒位，受到阻挡的跑垒员从阻挡发生前合法踏触垒位开始，应被给予至少安全进一个垒。任何前位跑垒员，被迫进垒是由于处罚阻挡行为给予安全进垒所引起时，在无出局危险情况下可以安全进垒。

【参考】防守行为可以包括：

（1）触及或者试图触及垒位；

（2）触杀或者试图触杀跑垒员；

（3）向垒位传球试图将跑垒员传杀出局；

（4）夹杀。

【6.01(h)(1)注释】当守方正在对被阻挡的跑垒员做出防守行为时，裁判员应以宣判暂停的同样手势（两手上举）做出宣判，在手势给出瞬间，成为死球局面。然而裁判员在宣判阻挡前，倘若传球处于飞行状态时（最终为暴传球），则跑垒员被给予该暴传球发生应给的进垒数，如同阻挡没有发生过。例如，跑垒员于二垒、三垒之间遭夹杀，游击手的传球在飞行状态时，奔向三垒的跑垒员受到三垒手的阻挡，该传球却进入队员席，则应给予跑垒员进入本垒。其他跑垒员，则以宣判阻挡前所合法踏触的垒为起点给予进两个垒。

【注1】在守场员夹杀动作中，即使是守场员试图使已经进垒的跑垒员出局（包括踏触一垒后的击跑员），而直接向该垒传球时，经裁判员判断跑垒员受到阻挡时，也适用于本项规定。

【注2】跑垒员占二垒、三垒，三垒跑垒员被投手诱

出夹杀于三垒与本垒间，二垒跑垒员乘机进占三垒，但遭夹杀的跑垒员安全返回三垒，二垒跑垒员返回二垒时也遭夹杀，在夹杀中二垒跑垒员与未持球的二垒手碰撞；如果裁判员判定二垒手阻挡时，应宣判阻挡并成为死球局面，可允许二垒跑垒员进入三垒，三垒跑垒员进入本垒。

【例1】跑垒员占一垒，击球员击出左外场安打，一垒跑垒员在经过二垒后与未持球的游击手碰撞，左外场手传球到三垒，裁判员判定游击手阻挡，宣判阻挡并成为死球局面。此时允许一垒的跑垒员进入三垒，击球员则依裁判员判断，如果无妨碍将有可能到达二垒时即给予进至二垒，如果无妨碍也不可能到达二垒时，则仅给予进至一垒。

【例2】跑垒员占一垒，击球员击出一垒方向地滚球，一垒手接球后传向二垒，但击球员在跑向一垒途中撞到进入一垒补位的投手，裁判员判定投手阻挡，宣判阻挡并成为死球局面。如果裁判员判定此妨碍发生于二垒封杀之前，则给予一垒跑垒员进入二垒，击跑员进占一垒。如果妨碍发生于二垒封杀出局之后，则仅给予击跑员进占一垒，一垒跑垒员于二垒遭封杀出局有效。

（2）如果守方没有正在对跑垒员做出防守行为的情况下，该跑垒员受到阻挡时，攻守行为应继续进行，直到攻守行为告一段落为止。裁判员此时应宣判暂停，若是被阻挡的跑垒员受到不利影响时，应判跑垒员进至如无阻挡行为可到达的垒位。

【6.01(h)(2)注释】在发生阻挡行为而比赛继续时，如果被阻挡的跑垒员进至如无阻挡可能到达的垒位后继续向下一垒跑进时，则视为放弃因阻挡所给予的安全进垒权，即有被触杀出局危险，此时完全依据裁判员的判定。

【附注】接手如手中未持球，无权阻挡或封堵试图进占本垒得分的跑垒员的行进路线。因垒间线属于跑垒员的行进路线，接手只有正在处理球或已持球在手中时，才能进入垒间线（对于违反了上述规定的接手，裁判员必须宣判"阻挡行为"）。

【例1】跑垒员在二垒，击球员击出左外场安打，左外场手传球于本垒，击跑员跑过一垒时与一垒手碰撞，裁判员已用手势表示阻挡，但左外场手传球过高越过接手，二垒跑垒员进入本垒得分，遭阻挡的击跑员踏过二垒后企图进占三垒，被投手传球到三垒触杀出局；裁判员判定击跑员因该阻挡仅给予进至二垒，则三垒的触杀出局成立；如果该跑垒员未被触杀，安全进占三垒时也应有效；不论如何，二垒跑垒员得分应为有效。

【例2】击球员击出将成为三垒打的长打时，未踏触一垒后经二垒再试图进入三垒时，受到游击手的阻挡而无法进入三垒；此时裁判员不应考虑击跑员未踏触一垒，应给予他进入如果无阻挡发生时可能到达的三垒。如果守场员察觉他未踏触一垒而提出申诉，应宣判击跑员出局。

【6.01(h)注释】如果守场员正要接传来的球，并且如果该传球是在飞行中直接朝向该守场员且足够接近该守场员，而使得他必须占据适当位置准备接球时，他可被认为是"正在接传来球的动作中"，这完全依据裁判员的判定。守场员试图处理球但将球失接后，他就不再是"正在接球的动作中"。例如，内场手扑接地滚球未接到，球通过他后，该守场员仍躺在地上延误了跑垒员进垒过程时，应视为阻挡行为。

(i) **本垒冲撞**（Collisions at Home Plate）

（1）跑垒员在试图进入本垒得分时，不得偏离其正向本垒的跑垒路径，有意对接手（或者其他在本垒进行防守的队员）实施冲撞行为，或者实施本可避免的冲撞行为。如果依照裁判员的判定，跑垒员在试图进入本垒得分时采取了针对接手（或者其他在本垒进行防守的队员）的冲撞行为，裁判员应宣判该跑垒员出局（无论在本垒进行防守的队员是否持球在手）。在这种情况下，裁判员宣判死球局面，其他垒上跑垒员应返回到冲撞发生时合法占据的垒位。跑垒员若是采用恰当的滑垒方式进入本垒时，他将不会被判定为违反规则6.01(i)。

【6.01(i)(1)注释】跑垒员并非是尽力去触及本垒，而是降低肩膀（即拱起肩膀），或者用手、肘、臂进行推挤，以上因素将支持裁判员做出下述决定：跑垒员在偏离其正向本垒的跑垒路径，用以实施有意针对接手（或者其他在本垒进行防守的队员）的冲撞行为，或者跑垒员实施了本可以避免的冲撞行为，从而违反了规则6.01(i)。

以下被认定为恰当的滑垒方式：如果采取仰式（脚在前的）滑垒方式，跑垒员在触及接手前，他的臀部和大腿要先接触地面；如果采取俯势（头在前的）滑垒方式，跑垒员在触及接手前，他的身体要先接触地面。如果接手封堵跑垒员的跑垒路径，裁判员将不应判罚跑垒员实施了本可以避免冲撞而违反冲撞规则 6.01(i)(1)。

（2） 除非接手持球，否则他不得封堵跑垒员试图得分的跑垒路径。依照裁判员判定，如果接手没有持球而封堵跑垒员的跑垒路径，裁判员应做出跑垒员安全手势或宣判跑垒员安全。然而，在合理地准备接住向本垒的传球（也就是说根据所传来球的方向、轨迹和弹跳而采取相应的移动，或者根据来自投手或者浅守的内场手的传球而采取相应的移动）的过程中，接手封堵跑垒员的路径将不会被认为违反了规则 6.01(i)(2)。如果当跑垒员本可以采取滑垒从而避免与接手（或者其他在本垒进行防守的队员）发生冲撞但是冲撞发生时，即便接手手中没有持球，也不会被认为违反了规则 6.01(i)(2)。

【6.01(i)(2) 注释】接手同时采取了没有持球封堵本垒（或者接手不是正在合理地准备接住向本垒的传球）并且干扰和阻挡了跑垒员进垒得分的过程，接手就会被认定违反了规则 6.01(i)(2)。如果依照裁判员的判定，尽管接手在没有持球的情况下封堵本垒，但是如果跑垒员在此之前已经被判出局了，则接手不会被认定为

干扰和阻挡了跑垒员进垒得分的过程。

另外，在触杀正在滑垒的跑垒员时，接手需要尽最大努力去避免不必要的和凶狠的身体接触。接手如果一贯地针对滑垒的跑垒员采取不必要的和凶狠的身体接触（如用膝盖、护腿、肘、前臂进行身体接触），他将面临赛会组委会的纪律处罚。

规则 6.01(i)(2) 不适用于本垒的封杀局面。

（j）　**试图双杀时的滑垒**（ Sliding to Bases on Double Play Attempts ）

如果跑垒员没有采用正当的滑垒方式，并且实施（或试图做出）对守场员的接触以图破坏双杀，依照规则 6.01，该跑垒员将被判妨碍行为。

正当的滑垒方式在规则 6.01 下需符合如下条件。

（1）　开始滑垒（做出与地面接触）是在触到垒位前。

（2）　能够或者试图能够用手或者脚触到垒位。

（3）　在滑垒完成后能够或试图能够保留在垒位上（本垒除外）。

（4）　滑垒是在可以触及垒位的范围内进行，没有改变滑垒路径以图实施对守场员的接触。

采取了正当滑垒方式的跑垒员不应被宣判为规则 6.01 的妨碍，如果跑垒员采取了规则允许的滑垒方式而造成与守场员的接触，他不应被判罚妨碍。另外，跑垒员与守场员的接触是由于守场员位于（或者移动到）跑垒员合法进垒的路径时，也不应被判罚妨碍。

但如果跑垒员滑垒时采取了滚动身体（Roll block），或抬高并踢腿高过防守队员的膝盖，或用手臂、上体推撞，来故意实施（或试图实施）对防守队员的接触，这就不是正当的滑垒方式。

如果裁判员确认跑垒员违反了规则 6.01(j)，裁判员将宣判跑垒员和击跑员都出局。如果该跑垒员已经出局，那么守方意图传杀出局的另外的跑垒员也将被宣判出局。

规则 6.02 投手不合法行为（Pitcher Illegal Action）

（a） 投手犯规（Balks）

当垒上有跑垒员，如果有下列情形时应为投手犯规。

（1） 投手踏触投手板后，做出任何与投球自然关联的动作却未能将球投出。

【6.02(a)(1)注释】不论右投手或左投手，当摆动自由脚越出投手板的后沿时，就必须向击球员投球，但为牵制而传向二垒除外。

（2） 投手踏触投手板后，假装传球给一垒或三垒却未能将球传出。

【注】投手踏触投手板时，可直接将自由脚伸踏向二垒对二垒跑垒员假传，但不得向一垒、三垒假传或向击球员假投。投手轴心脚退出投手板后方时，可以不必以伸踏方式向有跑垒员的垒做假传，但不得向击球员做假投。

（3） 投手踏触投手板后，向垒上传球前，未直接向该垒伸踏。

【6.02(a)(3)注释】投手踏触投手板后，必须先向传球方向伸踏后，才能向该垒位传牵制球。如果投手自由

脚抬起后在空中摆动或旋转而没有实际的伸踏动作，或先转动身体方向，传球后自由脚再向该垒伸踏时，即为投手犯规。投手向垒上传球前，应直接向该垒伸踏，并且因为他做出伸踏而被要求必须向垒上传球（除二垒外）。跑垒员占一垒、三垒时，投手向三垒伸踏而没有将球传出，仅仅是将三垒跑垒员虚晃回三垒，之后见到一垒跑垒员开始跑向二垒就接着转身向一垒伸踏并向一垒传球时，应宣判投手犯规。只有向二垒假牵制而不传球是合法的。

（4）投手踏触投手板后，向无人占据的垒位传球或假装传球。但出于防守行为的目的时除外。

【6.02(a)(4)注释】在决定投手是否出于防守的目的而向无人占据的垒位传球或假装传球时，裁判员应当考虑跑垒员是否表现出向无人占据的垒位跑进或制造出企图进垒的行为。

【问】跑垒员占一垒时，如果投手传球或假装传球于无跑垒员的二垒时，是否为投手犯规？

【答】投手犯规。但如果试图阻止一垒跑垒员盗垒，以第一动作向二垒的方向将自由脚踏出，则不为投手犯规；如果投手合法地退出投手板，虽未做出踏出的动作，也不为投手犯规。

（5）投手做出不合法投球（Illegal Pitch）。

【6.02(a)(5)注释】急投（Quick pitch）为不合法投球。投手乘击球员在击球员区尚未完成击球准备动作之机

向其投球，裁判员应判定为急投，垒上有跑垒员时罚
则为投手犯规，无跑垒员时判一坏球。急投是危险行
为，不被允许。

（6）投手不面对击球员投球。

（7）投手未踏触投手板而做出任何与投球自然关联的动作。

（8）投手不必要地延误比赛时间。

【6.02(a)(8) 注释】当依规则 6.02(c)(8) 投手禁止事项
的规定（禁止不是试图使跑垒员出局为目的，故意传
球给守场员以拖延比赛），对投手提出警告时， 就
不再适用本项的规定。如果依规则 6.02(c)(8) 的规定，
经警告后投手继续拖延比赛而被勒令退场时，可同时
适用本项规定予以宣判投手犯规。规则 5.07(c) 限制
投手的投球时间仅适用于垒上无跑垒员时。

（9）投手未持球站立在投手板或跨立在投手板，或是离开
投手板假装投球。

（10）投手采取合法投球姿势后，在没有实际投球或向垒上
传球的情况下，将任一手从球上离开。

（11）投手踏触投手板后，偶然或故意使球从手或手套滑出
或掉出。

（12）投手企图故意投四坏球而将球投给位于接手区外的接
手。

（13）投手采用侧身投球姿势投球，双手持球未经完全静止
的状态即投球。

罚则： 成为死球局面，各跑垒员在无出局危险的情形下可安全进一个垒。除非击球员因安打、失误、四坏球、投球中身或其他原因到达一垒，且所有其他跑垒员也至少前进一个垒时，攻守行为继续进行而不需要按照投手犯规判罚。

【规则说明1】投手向垒上或向本垒传球或投球时出现投手犯规，并且成为暴传或暴投，各跑垒员已安全进一个垒时，可继续冒险向下一个垒位跑进。

【注】规则说明1中的"暴传"，不仅限于投手的暴传，守场员为接该传球出现的失误也应包括在内。跑垒员因投手的暴传，或守场员的失误，形成可能抢进更多垒的状况时，跑垒员一旦通过因投手犯规所获得安全进占的垒位后，试图再抢进更多的垒时，与投手犯规无关，比赛继续进行。

【规则说明2】出于此规则的目的，如果跑垒员在跑进时漏踏垒位，之后被申诉宣判出局有效，他被认为已经前进了一个垒。

【6.02(a)注释】裁判员应该牢记投手犯规规则的目的是防止投手故意欺骗跑垒员，如果裁判员心中有疑问，则以投手的"意图"作为判罚的依据。

无论如何，下列情形应牢记。

（A） 投手未持球跨立投手板时，应视为意图欺骗，并应判定为投手犯规。

（B） 如果一垒有跑垒员，投手为阻止盗垒，可做出完整的转身动作，没有朝向一垒的迟疑而是向二垒传球，此行为将不判定为向无跑垒员的垒位传球。

（b）**垒上无跑垒员的不合法投球（Illegal Pitches with Bases Unoccupied）**

如果垒上无跑垒员，投手做出违规投球行为时，应被宣判为一球（Ball）。除非击球员因安打、失误、四坏球、投球中身或其他原因进占一垒。

【6.029(b)注释】垒上无跑垒员时，投手在投球动作中，球自手中滑落并滚动越出边线时，应宣判为一球，其他状况将宣判为无效投球（No pitch）；垒上有跑垒员时，球自手中滑出即为投手犯规。

【注】司球裁判员对于投手违规投球宣判一球时，应向投手明示。当违反规则 6.02(c)(6) 的规定时，也适用该罚则。

（c）**投手违禁（Pitching Prohibitions）**

投手不得有以下行为：

（1）在投手区 18 英尺（5.486 米）范围内，用手接触嘴及嘴唇后再触摸球，或是在踏触投手板时用手接触嘴及嘴唇。投手在接触球前或踏触投手板前必须明显地将投球的手指擦干。

【例外】如果在天气寒冷情况下比赛，经双方主教练同意后，裁判员于比赛开始前可允许投手呵气于手取暖。

【罚则】违反本项的规定时，司球裁判员应立即更换该球，并给予投手警告。投手如果再违反，则宣判"坏球"。如果该球被投出，并且击球员因安打、失误、四坏球、投球中身或其他原因到达一垒，且其他跑垒员在被判出局前也已至少进占一个垒时，则攻守行为继续进行而不需要按照违规判罚。连续违规者应被赛会组委会纪律处罚。

（2）将唾液附于球、手或手套上。

（3）用手套、身体或衣物摩擦球。

（4）将异物附着于球。

（5）以任何方式污损球的表面。

（6）以 6.02(c)(2)~(5) 的方式，投出所谓的抹滑的球（Shine ball）、唾液球（Spit ball）、沾泥球（Mud ball）或磨粗的球（Emery ball）。投手徒手摩擦球是被允许的。

（7）在身上藏有任何外来物质。

【6.02(c)(7) 注释】投手任一手、手指、手腕都不得附有任何物品，如创可贴（Band-Aid）、胶带（Tape）、超能胶（Super Glue）、手镯（Bracelet）等，裁判员可判定此类物品是否违反本项规定。但无论任何情形都不允许投手在手、手指、手腕上以附有类似物品进行投球。

（8）击球员已就位于击球员区时，投手为拖延比赛故意传球给接手以外的守场员，但试图使跑垒员出局的行为除外。

【罚则】如果经裁判员的警告后，投手仍反复进行拖延的行为，则应勒令投手退场。

（9）故意向击球员身体投球，如果经裁判员的判定有此项违规行为发生时，裁判员可依如下方式处置。

（A）勒令投手或主教练退场。

（B）警告该投手与双方主教练，如果再发生相同行为时，投手（或其接任者）及主教练将被驱逐出场。

裁判员依据判断，认为有可能出现故意投球中身时，可在比赛开始前或继续比赛任何时间正式警告双方。赛会组委会可依据规则 8.04 规定的权限，另外给予惩罚。

【6.02(c)(9) 注释】球队任何人员不得对上述的警告进入场内提出争辩，如果主教练、教练员或队员离开队员休息室或其位置去争辩警告，裁判员应该立即警告并停止该行为，如果继续则应将其驱逐出场。

瞄准击球员头部投球是违反体育道德精神的，并且具有危险性，这种行为是共同谴责的，裁判员应毫不犹疑地严格执行本条规则。

（d）罚则：投手违反规则 6.02(c)(2)~(7) 的规定时，裁判员应依如下方式处置。

（1）立刻勒令投手退场，并自动禁赛 10 场。

（2）在裁判员宣判违反规定后，如果比赛仍继续进行，则攻方主教练可向司球裁判员要求选择接受该攻守行为的结果，此选择须于该攻守行为结束后立即向司球裁判员提出要求。但如果击球员因安打、失误、四坏球、投球中身或其他原因到达一垒，且其他跑垒员在被判出局前已至少进占一个垒，则攻守行为继续进行而不需要按照违规判罚。

（3）　前项（2）所述，虽然攻方选择接受该攻守行为的结果，但对其违规行为的处罚仍适用（1）的规定。

（4）　如果攻方主教练未选择接受该攻守行为的结果，而垒上无跑垒员，司球裁判员应宣判一球；如果有跑垒员则应宣判投手犯规。

（5）　投手是否违反本条各项规定，裁判员是唯一的判定者。

【6.02(d)(1)~(5)注释】投手虽违反 6.02(c)(2) 或 6.02(c)(3) 的规定，但司球裁判员判断投手并非试图使投球产生变化的行为时，可不适用规则 6.02(c)(2)~(6) 的罚则，应先给予警告，但再犯时，应该适用此罚则。

【6.02(d)注释】当球击中松香粉袋或镁粉袋（Rosin bag）时为继续比赛。如果遇雨天或比赛场地潮湿时，裁判员可指示投手将该松香粉袋或镁粉袋放在口袋里。投手可以用裸露的单手或双手使用松香粉袋或镁粉袋。投手或其他守场员不得将球在松香粉袋或镁粉袋中沾，不得将松香粉或镁粉从袋中倒入手套中，不得用松香粉袋或镁粉袋沾在比赛服的任何部分。

【注】

抹滑的球（Shine Ball）：将球抹光滑。

沾泥球（Mud Ball）：球沾泥土。

唾液球（Spit Ball）：球沾唾液。

磨粗的球（Emery Ball）：使用砂纸将球磨粗糙。

向球吹气是禁止的。

规则 6.03　击球员不合法行为（Batter Illegal Action）

（a）击球员有下列的不合法行为时应判出局（Batter Out for Illegal Actions）

（1）击球员一只脚或两只脚完全踏出击球员区外地面，并击到球时。

【6.03(a)(1)注释】如果击球员踏出击球员区外击出界内球或界外球时，应被判出局。击球员被故意保送情况下试图击球时，司球裁判员应特别注意击球员击球时脚的位置。击球员不得跳出或踏出击球员区外击球。

（2）投手已做投球姿势准备投球时，击球员从原击球员区移至另一击球员区。

（3）击球员踏出击球员区外干扰接手的接球或传球，或以任何动作妨碍接手在本垒的防守行为。

（4）垒上有跑垒员或者击球员三击不中情况下，接手正在试图接投球时，击球员将球棒丢到界内或者界外区域，并且打到接手（包括接手的手套）。

【规则 6.03(a)(3)和(4)例外】如果跑垒员于进垒时被判出局，或跑垒员试图得分因击球员的妨碍被宣判出局时，则不判击球员出局。

【6.03(a)(3)注释】击球员妨碍接手时，司球裁判员应宣判妨碍（Interference），击球员出局并成为死球局面，跑垒员不得进垒，应依裁判员判断返回妨碍发生瞬间合法踏触的垒位。
但如果接手虽受妨碍，却做出了防守行为使试图进垒的跑垒员出局时，则不视为有实际妨碍，该跑垒员出

局而非击球员出局，其他跑垒员可以进垒，理由是如果该跑垒员已经被防守出局，就不存在实际的妨碍。这种情况下,攻守行为继续进行,就如同无违规被宣判。击球员击球未中，由于挥击过于用力而将球棒随身体转动后摆，依照裁判员判定，此随挥动作非故意地打到他身后的接手或球，将仅宣判好球（非妨碍），成为死球局面。在此攻守行为过程中，任何跑垒员都不得进垒。

【注1】6.03(a)(3) 注释后段，对击球员如果在第一个或第二个好球时，只宣判为好球，如果为第三个好球时应判击球员出局。

【注2】接手以外的守场员在本垒的防守行为受到击球员的妨碍时，也适用本项规定。

虽然击球员有妨碍行为，但实际上跑垒员却被触杀出局时，则与击球员的妨碍无关，应判跑垒员出局，比赛继续进行。如果因守场员的失误致使跑垒员应出局而未出局时，适用本项规定的前段，应判击球员出局。如果因接手的传球而进入夹杀的状况时，裁判员应立即宣判暂停，判击球员出局，并令跑垒员回原垒。

（5）击球员使用或试图使用的球棒，经裁判员的判定，已经被以任何的方式改变或改造过，用以提高击球距离，或对棒球施加异常反应。球棒的改变或改造包括填充球棒（Filled bat）、改造成平面（Flat-surfaced）、打钉（Nailed）、挖空棒心（Hollowed）、在球棒开槽

（Grooved）或涂上外物（石蜡、蜡）等。由此带来的任何进垒无效（但不是因为使用违规球棒的进垒，如盗垒、投手犯规、暴投、捕手漏接等除外），而任何出局则应成立。击球员除被宣判出局并勒令退出比赛外，赛会组委会可另外予以适当处罚。

【6.03(a)(5)注释】击球员持上述球棒进入击球员区，即视为使用或试图使用不合法球棒。

（b） **击球次序错误（Batting Out of Turn）**

（1） 应轮击的击球员轮到击球时未击球，而由其他的击球员完成击球后，对方提出申诉，应轮击的击球员被宣判出局。

（2） 在不应轮击的击球员尚未成为跑垒员或出局前，应轮击的击球员无论何时都可以接替其位置并按照已有好坏球数进行击球。

（3） 当不应轮击的击球员完成击球任务成为跑垒员或出局时，守方球队在投手向下一名击球员投球前，或者做出或试图做出任何防守行为前，向司球裁判员提出申诉时，司球裁判员应做如下处置。

（A） 宣判应轮击的击球员出局。

（B） 因不应轮击的击球员的击球行为所发生的所有进垒与得分，以及不应轮击的击球员因安打、失误、四坏球、投球中身或其他原因进占一垒时，都被判定无效。

【注】不仅限于因不应轮击的击球员的击球所导致的进垒、得分无效，所有一切因不应轮击的击球员击球

产生的攻守行为都无效。例如，不应轮击的击球员击出二垒地滚球，一垒跑垒员于二垒被封杀出局后，因对方的申诉使应轮击的击球员被宣判出局时，一垒跑垒员的封杀出局也应被取消，可安全返回一垒。

（4）不应轮击的击球员在击球时，跑垒员因盗垒、投手犯规、暴投或接手漏接进垒者，视为合法的进垒。

（5）不应轮击的击球员成为跑垒员或出局后，在防守方球队提出申诉前，投手已将球向下一名击球员投出，或者守场员已做出或试图做出任何防守行为，不应轮击的击球员将成为应轮击的击球员，其击球结果成为合法。

（6）原应轮击的击球员因击球次序错误而被判出局时，后继击球员应为原应轮击的击球员的下一位击球员。

（7）不应轮击的击球员因未被提出"申诉"，而在投手投球后或者守场员已做出或试图做任何防守行为后，成为应轮击的击球员时，下一个击球员应是成为合法的不应轮击的击球员的下一位击球员。不应轮击的击球员的行为已经成为合法，击球次序从变为合法的不应轮击的击球员开始恢复。

【6.03(b)(7)注释】裁判员如果发现击球员区内为不应轮击的击球员时，不得直接向任何人提示。由两队主教练或队员发觉并提出申诉，才能适用于本项规则，本项规则旨在使两队的队员及主教练随时保持警觉。

两条基本原则要牢记于心：当击球员不按击球次序击

球，经守方申诉成立时，应判原应轮击的击球员出局。如果不应轮击的击球员已经击球并已到达垒位或被判出局，而守队又未在投手向下一位击球员投球前或下一个攻守行为开始前或试图进行下一攻守行为前提出申诉，则不应轮击的击球员的击球被视为应轮击的击球员的击球，合法的击球次序即从此开始。

【规则说明】因击球次序错误所发生的各种状况说明如下，假设第1局击球次序为：

击球次序： 1 2 3 4 5 6 7 8 9
击 球 员： A B C D E F G H I

【例1】轮由A击球，B进入击球员区，球数为两球一击：

（a）攻方球队自行察觉击球次序有误。

（b）守方球队提出申诉时。

【裁定】不论何种情况，A应接替B击球，球数为两球一击。

【例2】轮由A击球，B进入击球员区并击出二垒安打：

（a）守方球队立即提出申诉。

（b）守方球队对C投出一球后，提出申诉。

【裁定】（a）应轮击的击球员A出局，B成为合法的下一位
击球员。

（b）B占据二垒，C成为合法的下一位击球员。

【例3】A、B都获四坏球，C击出三垒地滚球，B被封杀出局，A进占三垒。轮由D击球时，E进入击球员区，因投手暴投A返回本垒，C进至二垒。E击出地滚球被传杀出局于一垒，C进占三垒，此时：

（a）守方球队立即提出申诉。

（b）D进入击球区，投手投出一球后才提出申诉。

【裁定】（a）宣判应轮击的击球员 D 出局。A 得分及 C 进
占二垒应有效，但 C 进占三垒为无效，应返回
二垒。E 为应轮击的击球员，将再次击球。

（b）A 得分及 C 进占三垒有效，F 为应轮击的击球员。

【例4】 两人出局满垒，轮由 F 击球时，H 进入击球员区
击出三垒安打，所有跑垒员得分，此时：

（a）守方球队立即提出申诉。

（b）守方球队于向 G 投出一球后才提出申诉。

【裁定】（a）宣判应轮击的击球员 F 出局，所有得分无效，
G 为下一局的第一位击球员。

（b）H 占据三垒及得分应有效，I 为应轮击的击球
员。

【例5】 两人出局满垒，轮由 F 击球时，H 进入击球员区
击出三垒安打，所有跑垒员得分；G 随后进入击球员区，
投手投出一球后，在下列情况，下一局第一位击球员应为？

（a）H 在三垒被投手牵制成为第三个人出局时。

（b）G 击出高飞球出局，仍未申诉时。

【裁定】（a）由于对 G 已投一球，I 为应轮击的下一位击球
员，H 的三垒打成为合法。

（b）H 为下一局第一位击球员。由于攻守交替前对
方球队未提出申诉，G 的击球成为合法，H 成
为应轮击的击球员。

【例6】轮由 A 击球时，D 进入击球员区后获四坏球，A 进
入击球员区准备击球。此时，如果对 A 投球前守方球队提

出申诉，则应轮击的击球员 A 应被宣判出局，而 D 所获四坏球应被取消，B 成为应轮击的下一位击球员；如果没有申诉，对 A 投一球后，D 获四坏球成为合法，E 应为合法的下一位击球员，此时 E 可于 A 出局或成为跑垒员前取代 A 击球。如果不应轮击的击球员 A 继续击球，击出高飞球出局，B 进入击球区，此时在对 B 投球前如果提出申诉，则应宣判应轮击的击球员 E 出局，F 为应轮击的下一位击球员；如果未提出申诉而对 B 投一球，A 的击球行为即成为合法，而 B 成为应轮击的击球员。如果 B 获四坏球而使得 D 前进至二垒，下一位击球员 C 又因击出高飞球出局，D 成为应轮击的击球员，但是 D 已成为二垒跑垒员，此时应轮击的击球员应是谁？

【裁定】由于 D 的击球被合法化，当应轮击的击球员在垒上时，他的击球次序将被越过，其下一位击球员 E 成为应轮击的击球员。

规则 6.04 违反体育道德的行为（Unsportsmanlike Conduct）

（a） 主教练、教练员、队员、替补队员、训练员或球童，在任何时间，不论在队员席、教练员指导区、球场，或任何其他地方都不得有下列行为。

（1） 以语言或其他方式煽动或试图煽动观众。

（2） 向对方球队的队员、裁判员或任何观众说出任何指向或暗示的言语。

（3） 于活球及继续比赛时，发出暂停（Time）或以其他的语言或任何动作等行为，明显试图使投手犯规。

（4） 以任何方式故意与裁判员接触。

（b） 不论在比赛前、比赛中或比赛后，穿着比赛服的队员不应与观众亲密交谈，也不应坐在观众席内。同样，不论在比赛前或比赛中，主教练、教练员或其他队员也不应与观众交谈。不论何时，双方球队的队员穿着比赛服时，都禁止有亲热的行为。（参照规则 4.06）]

【注】业余棒球比赛是否准许下一场比赛的队员于观众席中观看比赛，由主办单位规定。

（c） 守场员不得在击球员视线所及之处，故意做出违背体育道德的举动，以分散击球员的注意力。

罚则：违反前项规定者，裁判员应勒令其退出比赛，并勒令其离开球场。如果出现投手犯规行为则视为无效。

（d） 当主教练、教练员、队员或训练员被勒令退出比赛，应立即离开球场，不得再参加该场后续比赛，也不得留在队员席。但可以待在俱乐部休息室或穿着便装离开球场，也可以穿着便装坐在远离其球队队员席或投手练习区的观众席。

【6.04(d) 注释】处于禁止出场处分中的主教练、教练员、队员，在比赛中不得进入队员席或记者席内。

（e） 坐在队员席内的人员，如果对裁判员的判定表现出激烈不满的态度，裁判员应先警告该人员停止此行为。

罚则：如果该行为持续时裁判员应令违规者离开队员席至俱乐部（球团）休息室。如果无法查出违规者或某些人违规时，裁判员可以将队员席的全部候补队员驱逐，但违规球队的主教练仍有召回该场球赛必须替补出场队员的权利。

第七章　比赛结束
ENDING THE GAME

规则 7.01　有效比赛（Regulation Games）

（a）　有效比赛为9局，除非比分相同时可延长，有下列原因则可缩短：① 主队（后攻队）无须完成第9局下半局全部或一部分的比赛时；② 司球裁判员宣布终止比赛（Called Game）时。

【例外】业余比赛遇有一日双赛时，其1场或2场比赛可规定采取7局。此时，除了将9局缩短为7局外，其余都适用本规则。

（b）　在9局比赛完成后比分相等时，比赛应继续进行至下列情形时结束：①延长局的某局完成后，客队（先攻队）得分多于主队（后攻队）时；②主队（后攻队）于延长局的未完成任一局中获得制胜分时。

（c）　司球裁判员宣布终止比赛时，下列情形仍属于有效比赛。

（1）　如果有5局已经被完成的比赛时。

（2）　如果主队（后攻队）第5局上半局或第5局结束前的得分超过客队（先攻队）时。

（3）　如果主队（后攻队）在第5局下半局取得一分或若干分将比分追平时。

（d） 如果有效比赛被宣布终止，两队得分相同时，应成为改期续赛。（参照规则 7.02）

（e） 如果比赛在成为有效比赛前被宣布终止，司球裁判员应宣判 "No Game"，比赛无效。除非比赛是依照规则 7.02(a)(3) 或 7.02(a)(4) 被宣布终止时，则比赛开始后不论在任意时间终止都会成为改期续赛。

（f） 赛会组委会可以决定任何有效比赛，或符合本条 (c) 项规定成为改期续赛时，是否给予因雨延赛票券。

（g） 有效比赛的比分由比赛结束时两队的总得分决定。

（1） 打完第 9 局上半局，主队（后攻队）得分领先时，比赛即结束。

（2） 当第 9 局结束时，如果客队（先攻队）得分领先时，比赛即结束。

（3） 如果主队（后攻队）于第 9 局或延长局下半局获得制胜分时，比赛即结束。

【例外】如果比赛的最后一局击球员击出越出场外的制胜本垒打时，击球员及其前位跑垒员按顺序踏触各垒均可得分。依跑垒规则，比赛于击跑员踏触本垒时结束。

【规则说明】击球员在第 9 局或延长局的下半局击出本垒打，但在跑垒时因超越前位跑垒员而被判出局时，该场比赛以前位跑垒员取得制胜的一分而宣布比赛结束，但 2 人出局后，若后位跑垒员超越前位跑垒员时跑垒员没有进入本垒，则比赛不得宣布结束，只有在超越跑垒行为发生之前踏触本垒的得分才有效。

【注】第 9 局下半局或延长局下半局，两人出局前，击球

员击出越出场外的本垒打时，某一跑垒员因超越前位跑垒员被判出局时，击球员的本垒打应为有效，在击跑员踏触本垒获得制胜分时比赛即结束。

（4） 司球裁判员一经宣布终止比赛，比赛即告结束，其胜负按两队得分来决定。[依据规则 7.02（a）比赛符合"改期续赛"的情况时除外]

规则 7.02 改期续赛，延期比赛和平局比赛（Suspended，Postponed and Tie Games）

（a） 比赛因下列任一原因终止，则成为改期续赛，之后必须择期完成比赛。

（1） 法定宵禁时间限制。

（2） 协会或赛会组委会规定允许的时间限制。

（3） 照明设备故障、操作人员操作时的无心错误造成主场球队管理下的球场机械装置故障（例如开闭式屋顶、防水帆布或其他排水设备的故障等）。

（4） 天色黑暗，但法律禁止不得使用照明设备。

（5） 因天气状况，在已成为有效比赛后的某局中途被宣布终止，客队（先攻队）于上半局得分领先，而主队（后攻队）还没有夺回领先。

（6） 达到有效比赛局数比分相等，被宣布终止。

业余比赛同时可以决定是否采用下列有关改期续赛的规定：

[如果通过采用，则规则 7.01(e) 不适用]

（7） 比赛未成为有效比赛[4½局上半场结束主队（后攻队）领先时，或5局结束客队（先攻队）领先或平手时]。

（8） 如果比赛在成为有效比赛前被宣判改期续赛，另安排在其他一场例行比赛前继续进行时，这场例行赛可以仅进行 7 局比赛。[参照规则 7.01(a) 例外的规定]

（9） 如果比赛在成为有效比赛后被宣判改期续赛，另安排在其他一场例行比赛前继续进行时，这场例行赛必须进行 9 局比赛。

【例外】业余比赛可以在季后赛采用规则 7.02(a)(7)，但冠军赛或两支球队之间已经排定场次的比赛不适用规则 7.02(a)(7)~(9) 。

因本条 (1)、(2)、(5)、(6) 宣布终止的比赛，必须进行至规则 7.01(c) 所规定的有效比赛局数，否则不得宣布改期续赛。因本条 (3)、(4) 宣布终止的比赛，在比赛开始后的任何时间都可宣判为改期续赛。

【附注】天气或类似的状况与本项 (1)~(5) 连在一起而被宣布终止时，应优先考虑天气或类似的状况决定是否成为改期续赛。

如果比赛因天气而暂停，随后又因照明故障或因时间限制无法恢复比赛时，比赛不应被宣判改期续赛。

如果比赛因照明故障而暂停，因天气或场地条件限制无法恢复比赛时，比赛不应被宣判改期续赛。

如果比赛因本条指定的任何 6 项理由暂停时，才可考虑成为改期续赛。

（b） 改期续赛应依下列规定恢复及完成比赛。

（1） 在同一球场应安排两队在下一个单一赛程开始前先进行改期续赛的部分比赛。

（2）在同一球场仅剩一日双赛时，应在一日双赛前先行比赛。

（3）如果改期续赛是两队在该城市既定赛程的最后一场时，应尽可能迁移至对方球队所在城市比赛。

　　（A）应在两队次一单一赛程前先行比赛。

　　（B）如果两队赛程仅剩一日双赛，则应在一日双赛前先行比赛。

（4）改期续赛如果未能在两队的排定赛程最后一天恢复比赛且完成时，有下列情形者，该改期续赛成为宣布终止比赛。

　　（A）如果比赛已成为有效比赛且有一队领先，则领先的球队将被宣判获胜。除非在未赛完的局数时，客队（先攻队）取得领先，并且主队（后攻队）还没有再取得领先的情形下，则以前一完整局数的比分作为比赛的结果，这是出于规则7.02(b)(4)的目的，比赛宣布终止。

　　（B）如果比赛已成为有效比赛，而双方比分相等时，比赛将被宣判为平局比赛，除非在同一局比赛结束前，客队（先攻队）得分将比分扳平，且主队（后攻队）还没有再取得领先的情形下，则以前一完整局数的比分作为比赛的结果，这是出于规则7.02(b)(4)的目的，比赛宣布终止。成为平局比赛时，应重新安排比赛，除非赛会组委会认为在不影响季赛冠军的产生下，决定不再重新安排比赛。

（5）如果赛会组委会认为不进行相应的比赛会影响到季后赛资格，或者额外晋级赛、分区赛主场优势，任何延后的比赛、改期续赛（尚未进行到成为有效比赛）或者冠军赛阶段的平局比赛，若在两队排定的最后一场比赛前还没有被重新安排完成，那么它必须被继续进行直到成为有效比赛。

（c） 恢复改期续赛时，应自原先比赛被确定改期续赛时的确切处再行开始。改期续赛的完成是延续原先的比赛，两队击球次序应与之前完全一致。

恢复改期续赛时，未上场的替补队员可代替其他队员出场，已经退场的队员不得再上场。

在改期续赛发生时尚未在球团的队员可以被用作替换队员，即使他是取代一名已经不再是球团的队员，该名不再是球团的队员由于在改期续赛前已经被从上场队员名单中移除而不再具备资格。

【7.02（c）注释】如果替换上场的投手已经被宣布，但在未成为攻守交换或投球至击球员出局或成为跑垒员前，比赛被宣判改期续赛。该投手在恢复改期续赛后一开始并不非得要求就必须上场，但如果他未上场则视为已替换退场，该场比赛即不得再上场。

规则 7.03 弃权比赛（Forfeited Games）

（a） 当球队有下列行为时，将被宣判为弃权比赛，由对方球队获胜。

（1） 司球裁判员在比赛开始的时间宣判"Play"后，经过5分钟不出场或出场而拒绝进行比赛，但该项延迟如果经裁判员判断为不可避免时除外。

（2） 运用策略明显试图拖延或缩短比赛。

（3） 比赛中拒绝继续比赛，但司球裁判员宣布改期续赛或终止比赛时除外。

（4） 比赛经暂停后恢复时，在司球裁判员宣判"Play"后1分钟内未能开始比赛。

（5） 经裁判员警告后仍故意且持续违反比赛规则。

（6） 裁判员勒令退场的队员未能服从判罚并在适当时间内离场。

（7） 在一日双赛第1场比赛结束后20分钟内，未能在第2场比赛出场，但第1场比赛的司球裁判员允许将间隔时间延长的情况除外。

（b） 球队如果无法或拒绝安排9名队员出场时，应宣布弃权比赛，由对方球队获胜。

（c） 司球裁判员宣布暂停比赛之后，球场管理员（Grounds keepers）故意不遵照司球裁判员的命令准备恢复比赛，致使比赛不能继续，应宣布为弃权比赛，由客队（先攻队）获胜。

【注】业余棒球比赛不适用本条规定。

（d） 司球裁判员在宣布弃权比赛后，24小时内应向赛会组委会提出书面报告。但如果未有该项报告也不影响弃权比赛的结果。

规则 7.04 抗议比赛（Protesting Games）

当主教练认为裁判员的裁定违反规则而抗议比赛时，适用赛会组委会所采用的相关抗议程序规则。所有抗议比赛都由赛会组委会做最终裁决。但对于裁判员基于判断所做的任何判定不得提出任何异议。

即使抗议结果判定裁判员的裁决违反本规则，也不能重新比赛，除非赛会组委会认为抗议的球队因该不利的判决而失去获胜机会时。

【7.04 注释】无论何时，当主教练认为裁判员"规则引用错误"而要抗议比赛时，应于所抗议的对象行为发生后，至投手投出下一球或做出任何攻守行为或试图做出攻守行为前，先向裁判员口头通知，否则该抗议不被认可。对于比赛结束时所发生的抗议行为，应于次日中午 12 时前提交赛会组委会办公室。

【注】业余棒球比赛不承认抗议比赛。

【补充规则】

关于死球局面时跑垒员返垒的处置（再述）

成为死球局面，各跑垒员应返垒时，依据成为死球局面的不同原因，返垒的起点也各有不同，各起点概述如下。

—— 应返回投手投球时所占据的垒

（a）界外球未被接住时。[5.06(c)(5)]

（b）击球员违规击球时。[5.06(c)(4)、6.03(a)(1)]

（c）投手的投球触及位于合法击球员区的击球员的身体或衣服时。[5.06(c)(1)、5.09(a)(6)]

（d）两人出局前，跑垒员占一垒，一垒、二垒，一垒、三垒或满垒的情况下，内场手故意掉落易于接住的高飞球或平飞球时。[5.09(a)(12)] （e）妨碍正处理击出球的守场员时，有以下几种情况。

（1）界内球未触及内场手（包括投手）前，触及击跑员。[5.09(a)(7)]

（2）界内球于界内区域，在未触及内场手（包括投手）或通过内场手（投手除外）前，触及跑垒员或裁判员。[5.06(c)(6)、5.05(a)(4)、5.09(b)(7)、6.01(a)(11)]

（3）击球员于界内区域再次以球棒碰触击出球或触击球。[5.09(a)(8)]

（4）击球员或跑垒员妨碍试图处理击出球的守场员。[5.09(b)(3)、6.01(a)(6)、6.01(a)(7)、6.01(a)(10)]

（5）击球员或跑垒员以任何方式，故意使尚未判定为界外球而滚动于界外区的击出球改变路线。[5.09(a)(9)、6.01(a)(2)]

（6）攻方队员或跑垒指导员在必要时，未让出自己的位置，对试图处理击出球的守场员造成阻碍并被宣判为妨碍。[5.09(a)(15)、6.01(b)]

（f）击跑员自本垒跑向一垒时，妨碍正欲接住朝一垒的传球的守场员时。[6.01(a)(11)、5.09(a)(11) 特别规定的情形除外]

（g）被宣判第三个好球而尚未出局或获四坏球的击跑员，明显妨碍接手的防守时。[6.01(a)(1)]

—— 应返回妨碍发生当时已占据的垒

（a）针对投手投出球的后续防守受到妨碍。

（1）裁判员妨碍接手的传球动作。[5.06(c)(2)]

（2）击球员妨碍接手的传球动作。[6.03(a)(3)]

（3）两人出局前，跑垒员试图得分时，击球员妨碍防守队

员在本垒的防守行为。[5.09(b)(8)、6.01(a)(3)]

（4）击球员挥棒落空后，经裁判员判定因自然挥棒的随挥动作，所持球棒触及尚未被接手合法接住的球或触及接手身体，以致无法接住该球。[6.03(a)(3)]

（b）接手或其他守场员妨碍击球员击球。[5.05(a)(3)]

（c）跑垒员故意妨碍传球。[5.09(b)(3)]

（d）攻方队员或跑垒指导员在必要时，未让出自己所占据的位置，妨碍正欲处理传球的守场员，并因妨碍防守而被宣判出局。[5.09(b)(13)、6.01(b)]

（e）内场手已无防守机会的击出球（不论是否触及内场手），被跑垒员故意踢开并经裁判员判定。[6.01(a)(11)]

（f）刚被宣判出局的击球员或跑垒员，妨碍守场员的后续防守动作。[6.01(a)(5)，以守场员后续防守动作开始时为起点]

（g）攻方队员一人或数人，接近跑垒员试图到达的垒，或聚集在附近，妨碍或扰乱导致影响防守。[6.01(a)(4)，以该防守动作将开始时为起点]

—— 跑垒员占三垒时

跑垒指导员离开所属的指导区，以行动诱使守场员传球；或指导员故意妨碍传球。[6.01(f)、6.01(a)(9)，应返回该传球开始时所占据的垒]

第八章　裁判员
THE UMPIRE

规则 8.01　裁判员的资格与权限（Umpire Qualifications and Authority）

（a）　比赛所需裁判员应由协会主席（联盟主席）或主办单位指派。本规则除赋予裁判员在比赛中依照本规则执法比赛外，并负有维持比赛场地纪律和秩序的责任。

（b）　每一位裁判员都代表棒球和赛会组委会，被授权并被要求去执行规则。每一位裁判员依规则赋予的权利，可命令主教练、教练员、队员或工作人员去执行或停止任何事务，并执行违规时的处罚。

（c）　每一位裁判员对本规则没有明确规定的事项有权根据自己的判断做出最后的裁定。

（d）　对于拒绝执行裁判员的裁定的主教练、教练员、队员及替补队员，或有违背体育道德的行为或言语，裁判员有权取消其比赛资格，并将其驱逐出场。如果裁判员于攻守行为进行中取消某队员的上场资格，应在该攻守行为结束后才生效。

（e）　每一位裁判员依其判断有权将下列人员驱逐出场。

（1）　因工作准予进场的人员，如球场场务人员、领位人员、摄影人员、新闻记者、广播人员等。

（2）　未经授权进入球场的观众或其他人员。

规则 8.02　裁判员判决的申诉（Appeal of Umpire Decisions）

（a）　裁判员基于判定所做的判决，例如（但不限于）击出球是否为界内球或界外球，投球是否为好球或坏球，跑垒员是否为出局或安全上垒等，主教练、教练员、队员及替补队员都不得提出异议。

【8.02(a)注释】主教练、教练员及队员不得自队员席、跑垒指导区、防守位置或垒位离开，去争论坏球或好球的判定。如果为提出异议而向本垒接近时，裁判员应先给予警告，如果继续靠近本垒时，应将其驱逐出场。

（b）　对于裁判员的判决，如果主教练合理怀疑其可能与规则有所冲突时，他可提出申诉，并要求做出公正的判决。此项申诉仅能对做出抗议判决的裁判员提出。

【注1】应于每上半局或下半局结束时，投手或内场手退出界内区域前提出申诉。

【注2】如果裁判员的判决违反规则，于规定时间内未经提出申诉，即使裁判员对于错误判决有所发觉，也不可更正原来的判决。

（c）　如果判决被提出申诉，裁判员做最后裁定之前，可向其他裁判员寻求更多信息并协商。除了做出判决的裁判员要求之外，任何裁判员对于其他裁判员所做的判决，不得做出批评及寻求撤销判决或者妨碍其他裁判员的判决。裁判员们在一起协商后确定要更改之前做出的判决时，他们有权去采取认为所需的步骤，依照他们自行判断来消除他们所要撤销的判决的结果和影响，包括按照最后的判决做出的情况下，决定跑垒员应进占的垒位；忽略在那个攻守行为中发生的妨碍或者阻挡；在之前判决时跑垒员未能实施再踏垒、超越前位跑垒员或漏踏垒位等，全部由裁判员自行决定。主教练、教练员、队员不得去争论以上的判决，否则将被驱逐出场。尽管有上述关于更正裁判员判决的规定，但对于击球员击计数和球计数错误的更正，在向随后的击球员已经投球后，是不允许进行更正的；或者对于一局或一场比赛的最后一名击球员击计数和球计数错误，在守方的内场手都已经离开界内地区后，是不允许进行更正的。

【8.02(c)注释】主教练可以要求裁判员对攻守行为进行解释，以及根据怎样的理由自行判断对之前的判决进行变更以及因为变更所导致的结果。在裁判员说明后，任何人不得再对裁判员提出应该依照自行判断进行不同的判决变更。

只有当司球裁判员宣判坏球（Ball）而非好球（Strike）的情况下，主教练或接手对于是否挥棒（Half swing），可以要求司球裁判员请求司垒裁判员协助。主教练不可以抱怨司球裁判员做出不正确的判定，但可以抱怨司球裁判员未寻求司垒裁判员的协助。

司垒裁判员应保持警觉，在司球裁判员请求协助时应迅速做出反应。主教练不可以假意要求申诉是否挥棒而对好坏球的宣判提出抗议。

申诉是否挥棒，只有在司球裁判员将投球宣判为"坏球"时才可以提出。当被提出申诉时，司球裁判员应提交司垒裁判员做裁决，如果司垒裁判员宣判好球，则成为好球。

申诉是否挥棒的提出必须在投手投出下一球之前，或下一攻守行为或试图的攻守行为之前。如果是否挥棒在某半局结束时发生，申诉被提出必须在守方的内场手全部离开界内区域前。

跑垒员必须警惕，司垒裁判员针对来自司球裁判员的请求协助，可能会将"坏球"更改为"好球"，这种情况下，该跑垒员面临被接手的传球传杀出局的危险。接手也必须警惕有盗垒情况，司垒裁判员针对来自司球裁判员的请求协助，可能会将"坏球"更改为"好球"。

是否挥击请求协助的过程为继续比赛状态。

对于是否挥棒，如果主教练走出队员席向一垒或三垒裁判员提出异议时应给予警告，但仍继续靠近至一垒或三垒时，应将其驱逐出场。因为主教练对是否挥棒提出异议而走出队员席时，等于对有关好球（Strike）、坏球（Ball）的宣判提出异议而走出队员席。

（d） 继续比赛时除因疾病或负伤的情形外，不得更换裁判员。
　　 如果仅以一人担任比赛裁判员时，该裁判员对规则运用有完全的管辖权，为执行职务可位于球场任何适当的位置（通常位于接手后方，但有时有跑垒员时应位于投手后方），并被视为当场司球裁判（Umpire-In-Chief）。

（e） 如果有两名或两名以上的裁判员时，应指定一名为司球裁判员，其他为司垒裁判员（Field Umpire）。

规则 8.03　裁判员的站位（Umpire Position）

（a） 司球裁判员应于接手后方站立，其职务如下。

（1） 负责全场比赛，执行有关比赛进行的权力与义务。

（2） 宣判并计数好球与坏球。

（3） 宣判界内球及界外球，除了通常应由司垒裁判员进行宣判的界内球及界外球。

（4） 对击球员做出裁定。

（5） 做出除通常应由司垒裁判员裁定以外的所有裁定。

（6） 裁定比赛是否为弃权比赛。

（7） 如果比赛时间有限制时，在比赛开始前宣布该事实及设定时间。

（8） 将正式的上场队员名单通知正式记录员，如击球次序或防守位置有变更时应通知正式记录员。

（9） 宣布场地特别规则。

（b） 司垒裁判员可选择任何他认为最适合的位置，以便对垒上发生的攻守行为做出裁定，其职责如下。

（1） 除特别地应由司球裁判员做出的垒上的裁定之外，做出所有在垒上的裁定。

（2） 与司球裁判员一同做出宣判暂停、投手犯规、不合法投球、任何队员污损球等裁定。

（3） 协助司球裁判员在各个方面执行规则任务，除无权决定弃权比赛之外，对于执行规则及维持纪律与司球裁判员有同等的权力。

（c） 如果对于同一攻守行为，不同的裁判员做出不同的判定时，司球裁判员应立即召集各裁判员协商，此时不得有主教练及队员在旁边。在协商之后，司球裁判员（或赛会组委会指定的裁判员）应基于哪一名裁判员在最佳的位置，哪一个最有可能是正确的，做出最后的裁定。比赛在此裁定后继续进行。

规则 8.04 裁判员撰写报告（Reporting）

（a）裁判员于比赛结束后 12 小时内，应将一切有关违反规则及其他有必要解释的事项向赛会组委会提出，包括以何种理由取消主教练、教练员或队员上场资格。

（b）当任何训练员、主教练、教练员或队员被取消上场资格是因为对裁判员、训练员、主教练、教练员或队员施以无礼与不雅的言语或暴力相向等行为时，裁判员应在比赛结束后 4 小时内将详细情形向赛会组委会报告。

（c）赛会组委会收到上项报告后，应做出适当的处罚并通知当事人及其所属球队的代表及主教练。如果处罚包括罚款，被处罚者接到通知后应当在 5 日内缴纳罚款数额。如果未能在 5 日内缴纳罚款，该人员将被禁止参加任何比赛，也不得出现在队员席或休息室，直到缴纳罚款完毕。

对于裁判员的概括性指导
(GENERAL INSTRUCTIONS TO UMPIRES)

裁判员在场上执行裁判任务时不得与队员交谈。要离开跑垒指导区，避免与正在指导跑垒任务的跑垒指导员交谈。

裁判员的衣着要保持清洁并穿戴整齐。在球场上应采取积极敏捷的行动。

对各队的工作人员要有礼貌，避免访问球队办公室。特别是应避免对于某球队的工作人员表现出亲密。

裁判员一旦进入比赛场地后就是该比赛的负责人，应专心执行裁判员的所有工作。

在遇到可能导致抗议或不良事态的场合时，切不可因担心受到责难而回避解决事件。要随身携带规则，纠纷发生时为了求得完善的解决，宁可暂停比赛 10 分钟，并仔细查阅规则，应尽可能地避免因为错判而导致抗议和重新比赛。要确保比赛的继续进行，一场比赛需要裁判员积极、认真地执行规则才能获得良好的效果。

裁判员是比赛场上的负责人，必须具备耐心和良好的判断力，才能担负起艰难的比赛任务，应付处理那些严重的事态，最重要的是能始终保持镇静和自我克制。

裁判员难免有误判，但误判后不可寻求"补判"，这是错上加错。一切应基于所见事实来判定，切不可因主队或客队而有所差别。

比赛时始终保持眼睛不离球。注意观察跑垒员是否踏垒。注视击出高飞球的落地点，并注意传球的最后去向。判定动作力求准确，而不要草率。守场员在进行双杀传球时不要过早转身改变注意方向。宣判出局后还要注意球是否失落。不要边跑边做"出局"或"安全"的手势，要等到攻守行为完成后再做出判罚手势。

各裁判组要准备一套简单明确的暗号和手势来加强裁判员之间的配合，使一时的误判能得到其他裁判员及时的指正。如果裁判员自信所见与判定正确时，不要受队员提出异议的影响而轻易征求其他裁判员的意见。如有疑问时，可立即与其他裁判员进行协商，但不要过度，应机智敏锐地对各种攻守行为做出自己的判断。随时不忘正确的判定是最重要的。因此，当对判定有疑问时，切不可犹豫而不去请求其他裁判员协助。保持裁判员的威严固然重要，但正确的判定更为重要。

执行裁判任务最重要的是，裁判员在场上随时随地都要取得观察攻守行为的最佳位置，注视每个攻守行为，以便进行准确的判定。如果裁判员的站位不好，有时即使做出的判定是正确的，队员、教练员也会提出异议。

最后，裁判员应重视礼貌，并且公正、严格地执行规则，这样才能赢得所有人的尊敬。

第九章 记录规则
THE RULES OF SCORING

规则 9.01 正式记录员 Official Scorer (General Rules)

（a） 协会主席（联盟主席）或比赛主办单位应指派正式记录员担任比赛的记录工作。记录员在记者席或指定记录员席内进行工作。记录员有权对诸如击球员是否安打上垒或守场员失误上垒等相关状况做出自行判定。记录员应通过手势或语言将判定告诉记者和场地广播。记录员应于比赛结束后24小时内确定比赛中所做出的判定，确定后原则上不得更改，但若有正当理由可立即向协会主席（联盟主席）或主办单位负责人陈述理由请求变更，记录员不得做出不符合记录规则的记录。比赛中禁止主场工作人员或队员对记录员的记录讯息做出变更。

记录员应于每场比赛结束后（包括弃权比赛、中止比赛），依照协会主席（联盟主席）所规定的记录格式，尽快根据规则所规定的项目内容和方法，将比赛记录和技术统计上报主办单位。这些记录和材料必须包括以下内容：比赛日期、地点（球场名称）、比赛队名、裁判员姓名、整个比赛过程的得分记录、每个比赛队员的技术成绩等。如遇改期续赛或中止比赛依照有关比赛规则成为正式比赛，记录员应尽快提交该报告书。

【9.01(a)注释】记录员必须整理相关攻守技术统计报告，而不只是提交比赛记录，若其中数据有差异时，该报告必须依据比赛记录进行修正相关数据。

（b）（1）记录员在比赛记录时，应严格依照正式记录规则进行记录，记录员不得做出与裁判员判定相抵触的决定。遇本规则没有明文规定的事项，记录员有自行裁定的权力。协会主席（联盟主席）有权命令更改比赛记录表中因错误而必须更正的相关统计数据。

（2）如果发生第三个人出局前交换攻守的错误情况时，记录员应立即将该错误通知司球裁判员。

【注】除本项(5)的规定不得主动提示外，其他如二击、三球时司球裁判员误以为击球员已得四坏球而上一垒时，或其他队员替补不得替补的投手出场比赛时，记录员可主动向裁判员提示。

（3）如果遇抗议比赛或发生改期续赛时，记录员应将中止比赛的实际情况记录清楚，其中包括：比分、出局人数、跑垒员所在垒位、击球员的球数、击数等。

【9.01(b)(3)注释】改期续赛最重要的是应自中止比赛时完全相同的实际情况重新开始比赛。至于比赛队提出抗议而中止比赛时，如决定重新比赛，则提出抗议后的比赛结果视为无效，应自接受抗议前完全相同的实际局面重新开始比赛。

（4）记录员所做的任何判定，不得与规则和裁判员的判定相抵触。

（5）对击球次序错误，记录员不得向裁判员和两队的任何人做出提示或引起注意。

（c）记录员是协会（联盟）或主办单位的代表，应该享有尊重并
受到协会主席（联盟主席）的保护。记录员如果受到主教练、
教练员、运动员或主办单位的工作人员不尊重的对待时，
应立即上报协会主席（联盟主席）或主办单位的相关领导。

规则 9.02 正式记录报告书及制作（Official Scorer Report）

记录员应按照协会（联盟）或主办单位所规定的正式报告书对比
赛的整个过程进行记录和技术统计。记录和统计材料应作为档案
长期保存。

（a）击球员和跑垒员的记录项目。

（1）自由击球数。

从轮击总数中减去：

（A）牺牲触击球和牺牲高飞球；

（B）四坏球上垒；

（C）投球中身上垒；

（D）因妨碍或阻挡进一垒。

【注】击球员击球后，守场员完成选杀后，该击球员
因受到妨碍被判进一垒时，击球员记自由击球数。如
击球员受到妨碍获进一垒时，记录员判定该击球员为
安打时，应记自由击球数并记安打。

（2）得分数。

（3）得分打数。

（4）一垒打数。

（5）二垒打数。

（6） 三垒打数。

（7） 本垒打数。

（8） 垒打总数。

（9） 盗垒成功数。

（10）牺牲触击球数。

（11）牺牲高飞球数。

（12）四坏球总数。

（13）故意四坏球上垒数。

（14）投球中身上垒数。

（15）妨碍或阻挡上垒数。

（16）被投杀数（三击不中出局）。

（17）地滚球双杀和封触双杀。

【9.02(a)(17)注释】击跑员的前位跑垒员因妨碍行为被宣判出局，致使击球员也出局时，不记击球员的地滚球双杀。

【注1】一垒有跑垒员，一垒手接击出的地滚球后形成3-6-3的双杀时，称为双封杀，若将传球顺序改为3-3-6的传杀时，称为封触双杀。守场员漏接高飞球或平直球（不包括故意失接）而构成上述双杀时，不视为双杀行为。

【注2】击球员击出会被双杀的地滚球时，第一传球出局成立后，由于第二传球击跑员可能出局，但守场员漏接被记失误，故此双杀未能完成时，该击球员应被记为双杀。

（18）盗垒被杀数。

（b） 各守场员的记录项目。

（1） 接杀数。

（2） 助杀数。

（3） 失误数。

（4） 参与双杀数。

（5） 参与三杀数。

（c） 各投手的记录项目。

（1） 投球局数。

【9.02(c)(1)注释】投球局数的计算方法：一人出局算
$1/3$ 局，例如先发投手于第6局一人出局时被替补，则
记该投手投5 $1/3$ 局。先发投手如于第6局无人出局时
被替补，则记该投手投5局，并记下他在第6局投球
的击球员。替补投手使2人出局后被替补，则记其投
$2/3$ 局。

决定投手的连续无失分局数，例如该投手在第5局
无失分，第6局为一人出局留下跑垒员后退出比赛，
该跑垒员得分时（为自己的责任）该 $1/3$ 局不计算，
无失分局数为5局。反之，第6局一人出局，二垒
有跑垒员的情况下出任后援投手被下一位击球员安
打，二垒跑垒员得分（为前任投手的责任）之后与
此局自己应负的责任中未再被得分并使2人出局时，
该 $2/3$ 局应被计入。

（2） 轮击人次数。

（3） 自由击球人次数。

（4） 被击出安打数。

（5） 失分数。

（6） 责任失分数。

（7） 被击出本垒打数。

（8） 被击出牺牲触击球数。

（9） 被击出牺牲高飞球数。

（10）四坏球数。

（11）故意四坏球数。

（12）投球中身数。

（13）投杀数。

（14）暴投数。

（15）投手犯规数。

（d） 附加数字。

（1） 胜利投手姓名。

（2） 失败投手姓名。

（3） 各队先发和结局投手姓名。

（4） 助胜投手姓名。

（e） 各队接手的漏接次数。

（f） 参与双杀和三杀的队员姓名。

【例如】双杀：张某、李某。

三杀：陈某、王某、刘某。

（g） 各队残垒数。

包括所有上垒而未得分和未出局的跑垒员，也包括在第三个人出局时由于守场员选杀而上了一垒的击跑员。

（h） 满垒时击出本垒打的击球员姓名。

（i） 在最后下半局3人出局前取得决胜分时的出局数。

（j） 每队在各局比赛中的得分。

（k） 裁判员姓名，按下列顺序列出：

（1） 司球裁判员。

（2） 一垒司垒裁判员。

（3） 二垒司垒裁判员。

（4） 三垒司垒裁判员。

（5） 司线裁判员（左司线裁判员、右司线裁判员）。

（1） 实际比赛时间（应减去因气候或灯光而推延的时间）。

【9.02⑴注释】队员、主教练、教练员、裁判员因受伤延误的比赛时间也应计算在比赛时间内。

（m） 主场提供的实际观众入场人数。

规则 9.03　正式记录报告书的完成 ［ Official Scorer Report (Additional Rules) ］

（a） 记录员填写正式比赛记录时，应依照击球次序表列出的上场队员名单及防守位置予以记录（在中途替补出场，至比赛结束前未击球的队员，仍按原应轮击的次序登记）。

【9.03(a)注释】某队员并非与其他守场员调换防守位置，只是为了对付特别的击球员而临时移动自己的防守位置时，不视为新防守位置而进行记录。

【例】（1）二垒手临时到外场使外场成为 4 人防守。

（2）三垒手移动至二垒手与游击手之间的防守。

（b） 如在各队的击球次序表记入替补击球员或替补跑垒员时（若就防守位置时也相同），应以另定符号注明在该队的记录表下面（附加说明该符号及替代情形），以便作为替补击球员或替补跑垒员进行个别记录。

【例】（1）在第 3 局代替 A 击出一垒安打。

（2）在第 6 局代替 B 击出高飞球被接杀。

（3）在第 7 局代替 C 跑垒被封杀出局。

（4）在第 9 局代替 D 击出地滚球被传杀出局。

（5）在第 9 局代替 E 跑垒。先通知为替补击球员或替补跑垒员，但实际未出场比赛，而再替补其他的被替补击球员或替补跑垒员。原通知 E 已在第 7 局代替 F。

（c）记录数字的核对。

只要各队的自由击球数、四坏球数、投球中身上垒数、击出牺牲触击球数、击出牺牲高飞球数、因被妨碍或阻挡上垒数的总和等于该队得分数、残垒数和被对方队接杀数的总和，审核是否与该队的击球员人数相同，检查计算结果若一致，就证明记录统计的各数字是正确的。

（d）击球次序的错误。

当不应轮击的击球员出局，而应轮击的击球员又在投手起动向下一位击球员投球前，经对方提出申诉被宣判出局时，记应轮击的击球员一次"自击"出局，并记对方队一个"接杀"和一个"助杀"（如有助杀行为时）。如不应轮击的击球员击球后上垒，应轮击的击球员因为未按击球次序击球被对方队提出申诉出局时，记应轮击的击球员一次"自击"出局，并记接手一次"接杀"，而不应轮击的击球员的击球上垒全部取消。如果连续有一个以上的击球员未按击球次序击球时，由于这些击球都变为合法击球，所以就按照已形成的局面记录，应轮击而未击球的击球员则失去一次击球机会而不做任何记录。

【注1】9.03(d) 应解释为不应轮击的击球员单独在到达一垒之前出局的记录方法。

【例1】不应轮击的击球员与其他跑垒员被双杀时，经守方提出申诉成立，判应轮击的击球员出局，不应轮击的击球员的行为被取消，因此不能将这一过程记入应轮击的击球员身上，而应记接手一次"接杀"。

【例2】应由第一棒击球时，误由第二棒击球，被三击不中投杀出局，然后第一棒上场击出中外场高飞球被接杀成为第二人出局，第三棒没有上场，第四棒、第五棒击出安打时，应记第二棒、第一棒击球员，第三棒击球员不记，其次记第四棒、第五棒击球员，因此第三棒击球员轮击次数自然少一次而不做任何记录。

（e）中止比赛和弃权比赛。

（1）中止比赛成为正式比赛时，依照规则 4.10 和 4.11，将从比赛开始至比赛结束，所有队员和全队的攻守活动都应全部记入正式记录。如果中止比赛成为平局比赛时，不记录胜利投手和失败投手。

（2）如果比赛成为正式比赛后被宣判为"弃权比赛"时，则从比赛开始至弃权比赛为止的所有队员和全队的攻守活动都应全部记入正式记录。如果弃权比赛胜队得分本来一直领先时，就将直到弃权比赛为止具备赢球或输球条件的投手记录为胜利投手或失败投手（参照规则 9.17 的规定）。因对方弃权比赛而获胜的队在比分落后或相等时，不记录胜利投手或失败投手。如果比赛成为正式比赛前为弃权比赛时，则不做任何记录，只记"弃权比赛",但应向比赛组委会报告弃权比赛的情况。

【9.03(e)注释】依据本规则,当宣布"弃权比赛"时比分为 9∶0,记录员不必考虑在比赛被宣布为"弃权比赛"时场上的实际比分。

规则 9.04 得分打的记录（Runs Batted In）

当击球员击球的结果获得一分以上时,记录"得分打"的情况如下。

（a） 记录击球员"得分打"的记录。

（1） 在无失误的情况下击球员因击出安打（含本垒打）、牺牲触击球、牺牲高飞球,或守场员选杀而致使跑垒员得分时[规则9.04(b)的情况除外],应记录击球员"得分打"。

（2） 满垒时因击球员四坏球、投球中身、被妨碍或被阻挡等原因上一垒时,使三垒跑垒员被迫进入本垒得分时,应记录击球员"得分打"。

（3） 2人出局前,三垒跑垒员因守场员处理击出的球失误而进入本垒得分时,如果记录员判断即使守场员不失误,三垒跑垒员也能进入本垒得分时,记录击球员"得分打"。

（b） 不记录击球员"得分打"的记录。

（1） 击球员击出地滚球造成双封杀或封触双杀时,即使有跑垒员进入本垒得分也不记录击球员"得分打"。

（2） 击球员击出可双杀的地滚球,守场员传球一垒,因失接传球而未完成双杀,该守场员被记录为失误时,致使跑垒员进本垒得分,不应记录击球员"得分打"。

（c）守场员持球在手过久（有延误），或向垒上做无效的传球，而使跑垒员进入本垒得分时，是否记录"得分打"应参照下列基准做出决定：跑垒员虽有失误行为，但继续进垒而得分，记录击球员"得分打"；如果跑垒员停止前进后，见守场员失误后再跑进垒而得分，则只记录守场员"选杀得分"，而不记录击球员"得分打"。

规则 9.05 安打（Base Hits）

当击球员击出安打安全上垒时，记录为"安打"。

（a）遇下列任一情况安全上垒时，记录击球员"安打"。

（1）击出的界内球未经守场员触及而停止在比赛场内，或碰触或弹越过挡墙或本垒打线时，因此击球员在安全到达一垒或继续进占下一垒位时。

（2）击出的界内球因异常迅猛或缓慢滚动致使守场员无处理该击出球的机会，使击球员安全到达一垒时。

【9.05(a)(2)注释】某守场员处理击出球并有可能传杀击跑员出局时，因其他守场员碰触到球，使球速减慢或改变方向或中途拦截致使该球未能接杀时，仍记录击球员"安打"。

【注】助杀触及球（Deflects），是指守场员碰触该球，致使球速减弱或改变其方向。

（3）击出的界内球因不规则弹跳或在触及守场员前触及投手板或垒包（包括本垒板），致使守场员虽经正常防守行为的努力也无法处理该击出的球，因而击球员安全到达一垒时。

【注】击出的界内球先碰触投手板、本垒板或垒包，致使守场员虽经正常防守行为的努力也无法处理该击出的球，因而击球员安全到达一垒时，也记录击球员"安打"。

（4）击出的球未经守场员触及而到达外场界内区，击球员安全到达一垒，经记录员判定守场员经正常防守行为的努力仍无法处理该球时。

（5）击出的界内球在未经守场员触及前先触及跑垒员或裁判员时。

【注】跑垒员因触及内场高飞球被判出局时，不记录击球员"安打"。

（6）守场员未能传杀前位跑垒员，而记录员判定守场员经正常防守行为的努力也难以传杀击跑员时。

【9.05(a)注释】适用本条各项如有疑义时，应从有利于击球员的角度来考虑，记录击球员"安打"而不记守场员"失误"。比如：守场员有良好的防守表现，而未能及时将击跑员接杀出局时，应记录击球员"安打"较为适当。

（b）遇下列任一情况时，不记录击球员"安打"。

（1）因击球员击出的球致使跑垒员被封杀出局，或因守场员失误未被封杀出局时。

（2）击球员虽然击出明显的安打，但被迫进垒的前位跑垒员在跑进中因漏踏下一垒位而被申诉出局时，不记录击球员"安打"，而只记录一次"自击"。

（3）当投手、接手或任一内场手将正在向下一垒位跑进或返回原占垒位的跑垒员传杀出局，或经正常防守行为的努力可以传杀出局，但因失误未能使其出局时，不记录击球员"安打"，而只记录一次"自击"。

【9.05(b)(3)注释】跑垒员因跑垒、滑离垒位或离开已占有的垒位被守场员持球触及身体出局时，应解释为击球员已使跑垒员进垒，应被记录为"安打"。

【注】本项所称内场手是指在正常范围内进行防守的内场手。如内场手越过正常的防守范围到外场防守时，则不视为内场手。例如：二垒有跑垒员，击球员击出游击手与左外场手之间的高飞球，二垒跑垒员怕该球被接杀而离垒较少，当看到该球落地后才冲向三垒而被游击手的传球触杀于三垒前，则不适用本项规定，击球员应被记录为"安打"。如外场手处理击出的球时，除跑垒员被封杀出局外，对击球员应记录为"安打"。

（4）依据记录员的判定，守场员可以传杀击跑员于一垒时，而处理击出球的守场员其防守行为未能试图将前位跑垒员传杀出局时。

【9.05(b)(4)注释】如果处理击出球的守场员不立即传杀击跑员，而是观望其他跑垒员或向其他垒上做传球假动作而不传球，因而致使传球延误使击跑员进入一垒时，不适用本项规定，应记录击球员"安打"。

（5）跑垒员因妨碍正在处理击出球的守场员而被判出局时，不记录击球员"安打"。但记录员判定如不发生妨碍行为该击出的球为安打时，仍记录击球员"安打"。

规则 9.06 垒打数的确定（Determining Value of Base Hits）

在无失误或接杀情况下，一垒打、二垒打、三垒打或本垒打的确定按如下规定。

（a） 除本条（b）和（c）的情况外，击跑员进入一垒为一垒打，进入二垒为二垒打，进入三垒为三垒打，踏触所有垒位进入本垒得分为本垒打。

（b） 垒上有跑垒员，击球员击出安打后越过一垒进至二垒或三垒时，击球员的垒打数要根据击球员靠自己击出的安打所进垒数来决定，或者因守场员的选杀所进垒数来决定。

【9.06(b) 注释】前位跑垒员如果在本垒被传杀出局或记录员认为因守场员失误而幸免出局时，虽然击球员进占三垒，不能记录击球员"三垒打"。一垒跑垒员如果在三垒被传杀出局或记录认为因守场员失误而幸免出局时，虽然击球员进占二垒，也不能记录击球员"二垒打"。此外，在任何情况下，不能以前位跑垒员的进垒数来确定击球员的垒打数。前位跑垒员可能只进了一个垒或没有进垒，可能就会给击球员记录"二垒打"。击球员进到二垒，前位跑垒员也进了二个垒，而只能给击球员记录"一垒打"。

【例1】一垒有跑垒员，击球员击出右外场安打球，右外场手接球后传球于三垒，但未能触杀跑垒员，击球员进至二垒，应记录击球员"一垒打"。

【例2】二垒有跑垒员，击球员击出外场界内高飞球的安打，跑垒员止步观察该球是否被外场手接住而离垒甚少，确定安打之后才跑进，因而只到达三垒，但击跑员进至二垒，应记录击球员"二垒打"。

【例3】三垒有跑垒员，击球员击出界内高飞球至外场，跑垒员曾一度离开三垒，误以为可能会被外场手接住而返回三垒，但该球成为安打球，三垒跑垒员怕被传杀而未进本垒得分，击跑员进至二垒，应记录击球员"二垒打"。

（c）击球员采用滑垒方式争取二垒打或三垒打时，必须踏触最后到达的垒位，可记录为"二垒打"或"三垒打"。如因滑垒过头（未触垒）而在回踏垒位前被触杀出局，其安打数只能按已安全到达的垒位记录。比如在二垒滑垒过头（未触垒）被触杀只记录"一垒打"；在三垒滑垒过头（未触垒）被触杀只记录"二垒打"。

【9.06(c)注释】击球员踏触二垒或三垒跑过头后，在返回该垒时被触杀出局，应以击球员最后触及的垒位决定其垒打数。击球员踏触二垒跑过头后，虽在返回垒位时被触杀出局，仍记录击球员"二垒打"；击球员踏触三垒跑过头后，虽在返回垒位时被触杀出局，则仍记录击球员"三垒打"。

（d）击出安打的击球员如因漏踏垒位而被判出局时，依其安打所到达的最后垒位决定记录其为"一垒打""二垒打"或"三垒打"。如果漏踏本垒，记录"三垒打"；漏踏三垒，记录"二垒打"；漏踏二垒，记录"一垒打"；漏踏一垒，不记"安打"，而只记录一次"自击"。

【注】本项规定不仅适用击球员漏踏垒位被申诉出局，也适用后位跑垒员超越前位跑垒员被判出局时击球员垒打数的确定。

（e）击球员根据本规则被判二个垒、三个垒、进本垒时，根据击球员实际进垒情况，分别记其"二垒打""三垒打""本垒打"。

（f）再见安打时垒打数的确定：除 9.06(g) 的规定外，击球员于最后一局击出安打，使得分超过对方队而取得比赛胜利时，该击球员的垒打数以跑垒员跑进本垒取得决胜分的进垒数来决定。但击球员的安全进垒数应与取得决胜分的跑垒员的进垒数相同。

【9.06(f) 注释】根据本规则的各项规定，判准许击球员获得一个或多个安全进垒权的安打、长打，仍应按本项规定记录垒打数。

击球员须合法踏触上述相同的垒数，例如最后一局，二垒、三垒有跑垒员，击球员击出的球落地后越出本垒打围墙而成为二垒打，二垒跑垒员进本垒获得决胜分时，记录击球员"二垒打"，但三垒跑垒员进本垒获得决胜分时，只记录击球员"一垒打"。

（g）击球员在最后一局将球击出场外成本垒打，因而取得比赛胜利时，击球员和垒上跑垒员都记得分，并记录击球员"本垒打"。

规则 9.07　盗垒成功（Stolen Bases and Caught Stealing）

凡跑垒员的进垒并不依靠安打、接杀出局、封杀、失误、选杀、漏接、暴投或投手犯规，并符合下列规定时，给跑垒员记录一次"盗垒成功"。

（a）跑垒员在投手起动投球前，先向下一垒位盗进时，即使投球造成暴投或漏接致使跑垒员到达下一垒位，仍记录该跑垒员"盗垒成功"。因暴投或漏接使试图盗垒的跑垒员多进一个垒，其他未盗垒的跑垒员也进一个垒时，则除记录盗垒的跑垒员"盗垒成功"外，其他跑垒员记录为投手"暴投"，或接手"漏接"。

【注1】如下列情况虽有暴投或漏接，但跑垒员在投手投球前已进行盗垒应记录为"盗垒"成功。

（1） 击球员得四坏球上一垒，并非因击球员得四坏球而获进垒权的跑垒员进至下一垒或进至一个以上的垒时。

（2） 击球员第三击时，造成暴投或漏接致使击球员或跑垒员进垒时，记录"暴投"或"漏接"。但2人出局后，一垒，一垒、二垒，或满垒时，各跑垒员的进垒及一垒、三垒有跑垒员时，一垒跑垒员的进垒不记录为"盗垒成功"。

【注2】三垒跑垒员盗垒时，接手或守场员妨碍击球员击球，除记录三垒跑垒员得分外，并记录"盗垒成功"。

（b） 跑垒员盗垒时，接手接投球后为防止盗垒而传球造成暴传，致使跑垒员安全进垒时，记录该跑垒员"盗垒成功"，不记录接手"失误"。除非因接手暴传致使盗垒的跑垒员多进一个垒，其他未盗垒的跑垒员也多进一个垒时，除记录该盗垒的跑垒员"盗垒成功"外，还记录接手一次"失误"。

（c） 跑垒员试图盗垒或离垒的跑垒员在垒间被夹杀，如未借助守场员的失误而未被夹杀，并且进占下一个垒位时，记录该跑垒员一次"盗垒成功"。此时，如果其他跑垒员也乘机进占一个垒位时，也记录其他跑垒员一次"盗垒成功"。试图盗垒的跑垒员被夹杀于垒间，并且未借助守场员的失误而安全返回原占垒位时，而另有跑垒员乘机成功进占下一垒时，则进垒的跑垒员应记录一次"盗垒成功"。

（d） 进行双盗垒或三盗垒时，只要其中一个跑垒员在到达欲盗垒位前因滑离垒位被守场员传杀出局时，则其他跑垒员都不记录"盗垒成功"。

【注】不仅限于实际形成的出局，如记录员认为势必出局的跑垒员因守场员失误而未出局时，同样对所有跑垒员不记录"盗垒成功"。

（e） 盗垒的跑垒员因滑离垒位后，在企图继续进垒或返回踏垒时被触杀出局，对所有跑垒员均不记录为"盗垒成功"。

（f） 记录员判定试图盗垒的跑垒员的安全进垒是因守场员未能将传来的球接住而使球掉落时，致使盗垒的跑垒员未出局，不记录盗垒的跑垒员"盗垒成功"，而记录为"盗垒被杀"。对接球掉落的守场员记一次"失误"，并记传球的守场员一次"助杀"。

（g） 跑垒员试图盗垒时，因守队对此并没有显示出防守行为，也没有理会其盗垒，对该跑垒员不记录"盗垒成功"，而记录因"守场员选杀"进垒。

【9.07(g) 注释】在判断防守队是否对跑垒员的进垒不予理会时，记录员应根据整体的情况来考虑，包括局数和比分。包括防守队是否把跑垒员限制在原垒上，投手是否在跑垒员进垒前有牵制跑垒员的行为，守场员是否有进垒补位配合，防守队是否因合理的战术动机为防止跑垒员的得分而不理会另一个跑垒员的盗垒，防守队是否为了阻止跑垒员获得盗垒记录而对其情形做全面的考虑。例如一垒、三垒

有跑垒员，一垒跑垒员拟盗向二垒，如果记录员判断防守队因合理的战术动机，即防止三垒跑垒员借向二垒传球之机得分而不全力传杀二垒，记录员通常给予盗向二垒的跑垒员记录一次"盗垒成功"。又例如跑垒员的盗垒次数接近防守队队员的联盟盗垒记录或技术统计等领先状况，或联盟其个人职业生涯盗垒（盗垒王）纪录时，防守队对其进垒未能实施防守，依此情形，记录员推断防守队可能不愿意给予跑垒员盗垒成功的记录，仍应记录该跑垒员"盗垒成功"。

（h） 盗垒被杀。

跑垒员如有下列任一行为而被判出局或因守场员失误行为而幸免出局时，记录该跑垒员一次"盗垒被杀"。

（1） 试图盗垒时。

（2） 因投手传牵制球后离垒而被迫进占下一垒时（任何向下一垒位移动的行为均视为试图进垒，拟返回原垒后再次试图进占下一垒位者也包括在内）。

（3） 盗垒时滑垒过头越出垒位时。

【9.07(h)注释】如果跑垒员见接手接投球时失接而进行盗垒时，则无论被传杀出局或因守场员失误而进占垒位，都不记录该跑垒员"盗垒被杀"，也不记"盗垒成功"，而按一般传杀或防守失误记录。当跑垒员因被阻挡而获得进占一个垒时，不记录"盗垒被杀"。

【注1】本项只限于前位跑垒员开始跑垒时下一垒位无跑垒员，或虽有跑垒员而该跑垒员已试图盗垒的情况。

【注2】被投手牵制离垒的跑垒员在返回原垒被传杀出局，

或因守场员失误而幸免出局时，不记录跑垒员"盗垒被杀"。

规则 9.08　牺牲打的记录（Sacrifices）

（a）2人出局前，因击球员触击，使一名或一名以上的跑垒员安全进垒，而击球员被传杀于一垒，或守场员如无失误会被传杀于一垒时，记录该击球员一次"牺牲触击球"。

【9.08(a)注释】判断击球员的"牺牲触击球"应考虑其是否为使跑垒员进垒，而牺牲自己上一垒的机会，如适用规则有疑问时，应以对击球员是否有利为依据。记录员的判断应根据整体情况来考虑，如棒次、局数、出局数、得分等。

（b）2人出局前，处理触击球的守场员试图传杀前位跑垒员，虽无失误但未能传杀出局，致使击跑员进入一垒时，仍记录击球员一次"牺牲触击球"。但如果记录员判断守场员防守无失误也不可能传杀击跑员出局，处理触击球的守场员企图传杀前位跑垒员（无论触杀或封杀）而不成功时，应记录击球员"安打"，而不记"牺牲触击球"。

【注】处理触击球的守场员未立刻传杀击跑员，而注视其他跑垒员或向其他垒假传（实际未传球）导致向一垒传球延误，击跑员安全进一垒时，应记录击跑员"安打"，而不能记录"牺牲触击球"。

（c）记录员判定击球员的触击球并非为使跑垒员进占下一垒，而是明显地为自己获得安打时，不记录击球员"牺牲触击球"，而记录一次"自击"。

【注1】击球员的触击球使一垒跑垒员进入二垒，因跑垒员滑离或跑离二垒而被守场员触杀出局时，因击球员已将

跑垒员送上二垒，跑垒员的出局属于自己的失误，该击球员应记录为"牺牲触击球"。

【注2】不仅限于跑垒员成为出局，当其势必被传杀出局，但因守场员的暴传、漏接等失误而使跑垒员幸免出局时，也不记录为"牺牲触击球"，而记录该守场员"失误"。但如有上述失误时，应判断如无该失误跑垒员能进垒时，应记录为"牺牲触击球"。如因该守场员的失误而使跑垒员进更多的垒时，应与"失误"并列记录。

(d) 2人出局前，击球员击出高飞球或平直球，外场手或进入外场的内场手在界内或界外区接球并发生下列任一情况时，记录击球员"牺牲高飞球"。

（1）守场员将球接住，而跑垒员于接球后抢进本垒得分时，记录击球员"牺牲高飞球"。

（2）守场员将球失落，而跑垒员跑进本垒得分，记录员认为即使守场员将球接住，跑垒员于接球后也能抢进本垒得分时，记录击球员"牺牲高飞球"。

【9.08(d)注释】即使高飞球未被接杀，击球员击球后成为击跑员而使守场员将其他跑垒员封杀出局，只要三垒跑垒员于守场员接球后抢进本垒得分，仍应按规则9.08(d)(2)记录击球员"牺牲高飞球"。如果界外高飞球被接住时，按规则9.08(d)(1)记录击球员"牺牲高飞球"。

【例】一人出局，一垒、三垒有跑垒员，击球员击出右外场高飞球，一垒、三垒跑垒员均踏触原占垒位，右外场手接球失误，三垒跑垒员进本垒得分，但一垒跑垒员被右外场手的传球封杀于二垒，此时记录员判定三垒跑垒员是利用右外场手的失误或二垒的封杀行为而进本垒得分（并非利用高飞球出局），因此击球员不能记录为"牺牲高飞球"。与此相反，记录员判定三垒跑垒员在该高飞球被接杀后仍能进本垒得分时（并非利用失误或封杀出局），应记录为"牺牲高飞球"。

规则 9.09 接杀（Putouts）

接杀（出局数）是统计守场员比赛行为中造成击跑员与跑垒员出局的次数。

（a）遇下列任一情况时，记录各守场员"接杀"（出局数）。

（1）守场员接住界内或界外高飞球或平直球，使击球员出局时。

（2）守场员接住传来的球，使击跑员或跑垒员出局时。

【9.09(a)(2) 注释】守场员接提出申诉的传球触垒或触及跑垒员使其出局时，记录该守场员"接杀"。

（3）守场员持球触杀离开原占垒位的跑垒员使其出局时。

（b）遇下列任一情况时，记录接手一次"接杀"。

（1）击球员三击不中被宣判出局时。

（2）击球员不合法击球被宣判出局时。

（3）击球员二击后触击成界外球被判三击出局时。[参照规则 6.05(d)]

（4）击球员被击出的球触及而被判出局时。

【注】在本垒附近触及时，适用本项的规定，如在一垒附近触及时，为一垒手的"接杀"。

（5）击球员因妨碍接手而被宣判出局时。

（6） 击球员因击球次序错误而被宣判出局时。[参照规则 9.03(d)]

（7） 击球员因四坏球、投球中身、接手妨碍击球，但在适宜的时间未踏触一垒而被判出局时。[参照规则 4.09(b)]

（8） 三垒跑垒员在适宜的时间未进本垒取得制胜分而被判出局时。[参照规则 4.09(b)]

【注】除前列各项以外，下列情况也记接手"接杀"：

① 击球员击球或触击球后，再次用球棒于界内触及该球而被宣判出局时。[参照规则 6.05(h)]

② 击球员或攻队队员妨碍接手接杀击出的界内或界外高飞球而判击球员出局时。

③ 2 人出局前，一垒有跑垒员，击球员三击不中，接手漏接，因而击球员被宣判出局时。

④ 击球员二击后挥击未中，但投球触及身体或挥棒后球棒触及球或接手，因而宣判击球员三击不中出局时。

⑤ 击球员击出高飞球，正在接球的接手因受观众妨碍而失接，因而宣判击球员出局时。

⑥ 投手踏板或起动投球时，击球员从某一击球区移至另一击球区因而被宣判出局时。

⑦ 2 人出局前，三垒跑垒员抢进本垒，但击球员妨碍接手因而宣判三垒跑垒员出局时。

（c） 接杀的其他记录方法。（除特殊情况外，只记"接杀"，不记"助杀"）

（1）击球员因内场高飞球被判出局，但没有守场员接住该球时，记录员给最可能就近接球的守场员记录一次"接杀"。

（2）跑垒员被击出的界内球（包括内场高飞球）触及被宣判出局时，给最接近该球的守场员记录一次"接杀"。

（3）跑垒员因躲避触杀跑离跑垒限制道而被判出局时，给该跑垒员所要躲避的守场员记录一次"接杀"。

（4）后位跑垒员超越前位跑垒员而被判出局时，给离超越地点最近的守场员记录一次"接杀"。

【注】后位跑垒员超越前位跑垒员被判出局时，如对该跑垒员有防守行为时，对有关守场员给予"接杀"和"助杀"；如守场员没有实际防守行为时，但记录员判断可以给予"接杀"和"助杀"时，应记录"接杀"和"助杀"，记录员认为不能给予"助杀"时，则应记录"接杀"。

（5）跑垒员因逆向跑垒被判出局时[参照规则7.08(i)]，给防守该跑垒员开始逆跑垒位的守场员记录一次"接杀"。

（6）跑垒员因妨碍守场员被判出局时，给被妨碍的守场员记录一次"接杀"。如被妨碍的守场员将球传出，则给接该传球的守场员记录一次"接杀"，被妨碍的守场员记录一次"助杀"。

（7）击跑员因前位跑垒员的妨碍行为而被判出局时，记录一垒手一次"接杀"。如果守场员被妨碍时正在传球，则给该守场员记录一次"助杀"，给接传球的守场员记录一次"接杀"。依照前项及本项的规定，在一次攻守行为中（同一守场员的多次传球，例如夹杀中守场员的传球被妨碍时），仍只记录一次"助杀"（参照规则9.10）。

规则 9.10　助杀（Assists）

（a）遇下列任一情况时，记录守场员"助杀"。

　（1）守场员传球或处理击出的球（或触及击出或传出的球使其改变方向），使击跑员或跑垒员出局时，记录该守场员一次"助杀"。上述情况若形成夹杀造成出局或守场员因失误造成应出局的未出局时，参与防守行动中传球或触及球的守场员可记录一次"助杀"。在夹杀过程中，参与传球或阻截的守场员都记"助杀"，但每个守场员不论传球或阻截多少次，在此次夹杀过程中只记录一次"助杀"。

　（2）守场员在传球或处理击出的球时受到跑垒员的妨碍，或跑垒员为躲避触杀而跑离跑垒限制线，裁判员判跑垒员出局时，给守场员记录一次"助杀"。

　　【注】仅触及球而无助于传杀的守场员不能记录"助杀"。这里所谓"触及击出的球"，是指改变球的方向或减慢球的速度，因而有助于传杀击跑员或跑垒员出局，因此记录"助杀"。当所提申诉出局成立时，应给予相关守场员"助杀"的记录，如投手的传球提出申诉成立时，也应给予投手"助杀"的记录。

（b）遇下列任一情况时，不记录守场员"助杀"：

　（1）投手投杀击球员出局（三击不中出局）时，不记录投手一次"助杀"。但击球员三击不中接手漏接，经投手的防守并传球一垒将击跑员传杀出局时，应记录投手一次"助杀"。

【注】本项后段所述的局面：投手的传球造成暴传，致使击球员或跑垒员获得进垒时，经记录员判断该球如果传好能传杀击跑员击局，记录投手一次"失误"。

（2）接手接到投手合法投球后将试图盗垒或离垒的跑垒员传杀出局，或将试图盗进本垒得分的跑垒员触杀出局时，不记录投手"助杀"。

【注】投手由于其防守行为不能记录"助杀"，但投手退离投手板后向本垒传球致使跑垒员被触杀时，应记录投手一次"助杀"。

（3）因守场员暴传致使跑垒员安全进垒时，即使在后续的攻守行为中被其他守场员传杀出局，也不能给暴传的守场员记录一次"助杀"。因为将球暴传以后的防守行为视为新的攻守行为。除非该守场员在后续新的攻守行为中又参与了防守，否则不记录"助杀"。

规则 9.11 双杀和三杀（Double and Triple Plays）

在投手两次投球之间，或投球后造成死球局面之间，守场员无失误而连续把两个或三个击球员和跑垒员传杀出局时，分别给参与双杀或三杀的所有守场员记录"助杀"或"接杀"，并记录"双杀"或"三杀"的记录。

【例】一垒有跑垒员，击球员击出一垒前地滚球，一垒手接球后传球给进入二垒的游击手，封杀一垒跑垒员于二垒，游击手接着传球一垒，一垒手接杀击跑员成"双杀"，此时各记录一垒手和游击手一个"助杀"和一个"接杀"。

【注】比赛告一段落后（一个接杀或两个接杀成为死球局面后），或投手接回传球后持球准备恢复比赛时（即投球前），立即传球提出"申诉"而使跑垒员出局时，也同样视为"双杀"或"三杀"成立。

规则 9.12　失误（Errors）

失误是指因守场员防守的过失行为有助于攻队的进攻行为。

（a）　遇下列任一情况时，记录守场员"失误"。

（1）　因守场员处理球的过失行为（接球不稳或失接或暴传等），致使应出局的击球员继续击球或应出局的跑垒员（包括击球员）未出局，使跑垒员进一个或一个以上的垒时，记录该守场员一次"失误"。依记录员的判断，在2人出局前，三垒有跑垒员，守场员为避免接杀该界外高飞球导致"牺牲打"，三垒跑垒员得分而有意放弃接杀时，不应记录该守场员"失误"。

【9.12(a)(1)注释】守场员处理击出或传出的球时动作比较缓慢并不构成技术失误，不应记录其"失误"。失误的记录并不以守场员是否触及球为判断依据。例如：守场员接住地滚球后明显无法将击跑员传杀出局，此时守场员虽然触及球但不记录该守场员"失误"。

失误的记录并不以守场员是否触及击出或传出的球来决定是否记录其"失误"。如击出一般的地滚球在守场员的两腿之间穿过，或守场员没有触及高飞球而掉落地面时，依记录员判断该守场员经正常防守行为的努力能接住时，应记录该守场员一次"失误"。例如：击出的地滚球穿过内场手，而记录员判断，如该内场手在该防守位置经正常防守行为的努力能使跑垒员出局时，应记录该内场手"失误"。另外，外场手失接击出的高飞球，而记录员判断该外场手在该防守位置经正常防守行为的努力能接获该球时，应记录该外场手"失误"。如果守场员传球过低、过高、砸地或偏离其目标，致使应出局的跑垒员幸免出局时，应记录该守场员"失误"。

对于守场员思考上和判断上的错误不记录为"失误"。但本规则的特定规定不在此限。守场员因疏忽导致过失时，比如守场员错误地认为已是第三个人出局，而将球抛入观众席或将球抛滚至投手区（投手土墩）导致跑垒员进垒时，本规则对于这些失误不视为因疏忽导致过失时，应记录守场员一次"失误"。在防守时，如果投手忘记补进一垒，致使击跑员安全进至一垒时，不记录投手"失误"。守场员没有将球传到正确的垒位时，不记录该守场员"失误"。如守场员无意妨碍导致另一守场员失接时，应记录该守场员"失误"。比如守场员碰撞了正在接球的守场员，导致手套中的球失落，如记录妨碍的守场员"失误"时，就不应给被妨碍的守场员记录"失误"。

（2）守场员未能将容易接住的界外高飞球接住，使击球员能继续击球时，不论以后击球员是否进垒或出局，记录该守场员一次"失误"。

【注】此界外高飞球是指记录员认为守场员通过正常防守行为能接住的界外高飞球。

（3） 守场员接传来的球或击出的地滚球后应能将击跑员封杀出局，但未持球触踏一垒或触杀击跑员而使击跑员安全进垒时，记录该守场员一次"失误"。

（4） 在封杀局面，守场员接传来的球或击出的地滚球后应能将被迫进垒的跑垒员封杀出局，但未持球触踏垒或触及跑垒员而使跑垒员安全进垒时，记录该守场员一次"失误"。

【注】不仅限于上述封杀出局情况，比如很容易持球触杀跑垒员出局时，然而守场员触杀失败，致使跑垒员安全进垒时，应对该守场员记录一次"失误"。

（5） 守场员的暴传致使跑垒员安全进垒者，依记录员的判断如该球传好能使跑垒员出局时，记录该守场员一次"失误"。但根据本项规定，接手的暴传如果是为了阻止跑垒员的盗垒时，不记录接手"失误"，而记录跑垒员"盗垒成功"。

（6） 守场员为了防止跑垒员进垒传球造成暴传，致使该跑垒员或其他任一跑垒员进垒，如果进垒数比无暴传时的进垒数多一个或一个以上的垒时，记录该守场员一次"失误"。

（7） 守场员的传球如果发生不规则的弹跳，或触及垒包、投手板、跑垒员、守场员、裁判员，致使跑垒员安全进垒时，记录该守场员一次"失误"。

【注1】有时守场员的传球虽然正确，但结果有失误，在适用本项规定时看来有失公平，但是只要跑垒员进垒，应记录守场员一次"失误"。

【注2】因夜间灯光照明的光线或白天太阳光线的照射晃眼而导致失接时，记录该传球的守场员一次"失误"。

（8）守场员如未能挡住或未试图接住时机正确的传球致使跑垒员进垒时，记录该守场员一次"失误"。如果传球到二垒，记录员要确定应由二垒手还是游击手其中一人有责任应该接球而未将球接住或不去接球，记录其一次"失误"。

【9.12(a)(8)注释】记录员如果认为传球已失去时机不能使跑垒员出局时，即使传球正确而接球的守场员没有接好，应记录传球的守场员而不是记录接球的守场员一次"失误"。

（b）因守场员的暴传不论造成一个或一个以上的跑垒员进多少个垒，都只记录该守场员一次"失误"。

（c）守场员因妨碍或阻挡行为使击球员或跑垒员进一个或一个以上的垒时，不论击球员或跑垒员进几个垒，只记录该守场员一次"失误"。

【注】记录员如果认为守场员的阻挡行为并未改变比赛结果时，不记录该守场员"失误"。

【例1】击球员击出可能成为三垒安打的击球，通过一垒后进二垒时受到一垒手的阻挡，经裁判员判定三垒打时，不记录一垒手"失误"，应记录击球员"三垒安打"。

【例2】一垒跑垒员在一垒、二垒间被夹杀时，因二垒手阻挡跑垒员，经裁判员判定被阻挡的跑垒员安全进二垒时，应记录该二垒手"失误"。

（d）遇下列任一情况时，不记录"失误"。

（1）接手接投手的投球后，为传杀盗垒的跑垒员造成暴传，不记录接手一次"失误"，而记录"盗垒成功"。除非因该暴传使盗垒的跑垒员多进一个以上的垒，或其他跑垒员因此而多进一个以上的垒。

（2）守场员虽然造成暴传，但记录员判断该守场员通过正常防守行为也无法将击跑员或跑垒员传杀出局时，不记录该守场员"失误"，而应记录击球员"安打"。除非该暴传使击跑员或跑垒员超过传球时所能进占的垒数时，记录该守场员一次"失误"。

【注】守场员处理难度较大击出的球后，因身体重心失去平衡而造成暴传时，若传准球可能使跑垒员出局时，也不记录该守场员"失误"。但该暴传超过传球时所能进占的垒数时，仍记录该守场员"失误"。

（3）守场员试图完成双杀或三杀的最后一传成为暴传，致使双杀或三杀失败时，不记录该守场员"失误"。因为在连续的一次防守行为中已接杀过一次。除非该暴传使任一跑垒员超过传球时所能进占的垒数时，记录该守场员一次"失误"。

【注】双杀或三杀时，对其最后出局所传的好球，如果接球的守场员失误，应记录该守场员"失误"，给传好球的守场员记录"助杀"。

（4）守场员失接击出的地滚球、高飞球、平直球或将传来的球失落，但及时捡起球能将任一垒上的跑垒员封杀时，不记录该守场员"失误"。

【注1】本项不仅限于出局成立的情况，进入垒上接应传球的守场员，因掉落该传球并失去封杀机会时也适用，应对该接球失误的守场员记录"失误"。

【注2】接获传球的守场员本应可持球触杀跑垒员出局，然而因触杀失败未能使跑垒员出局，但立刻又传球给其他垒封杀了跑垒员（包括击跑员）出局时，也适用本项规定。

（5）投手的暴投和接手漏接均不作为"失误"记录。因投手和接手处理球的次数比其他守场员多很多，所以，根据规则9.13均不记录"失误"。

（e）击球员因四坏球、投球中身、暴投或漏接而上一垒时，不记投手或接手"失误"。（参照规则9.13暴投或漏接有关得分的规定）

【注】接手未接获第三个好球，但立刻捡起该球传向一垒造成暴传致使击跑员上垒时，经记录员判定球非暴传时，能使击跑员出局，则不记录"暴传"或"漏接"，而记录为接手"失误"。如果记录员认为与接手的暴传无关，而击跑员进一垒时，不记录接手"失误"，而记录"暴传"或"漏接"。因暴传而使击跑员进到两个垒以上，其他跑垒员也因此而进到更多的垒时，记录"暴投"或"漏接"，并记录暴传的接手"失误"。

（f） 跑垒员由于暴投、漏接或投手犯规而上垒时，不记投手或接手"失误"。

（1） 裁判员宣判"四坏球"时造成暴投或漏接，致使击球员或跑垒员进垒，如遇下列情况时应记录为"四坏球"，并记录"暴投"或"漏接"：

① 击跑员的进垒超过一垒而到达二垒。

② 因击球员的"四坏球"迫使进垒的任一跑垒员的进垒超过一个垒。

③ 非被迫进垒的任一跑垒员进占一个或一个以上的垒时，记录投手一次"四坏球"，并根据实际情况记录投手一次"暴投"或接手一次"漏接"。否则，只记录击球员"四坏球上垒"。

（2） 第三击时造成暴投或漏接，但接手立即将球捡起传杀击跑员于一垒或持球触杀击跑员出局，致使其他跑垒员乘机进垒时，记录投手"投杀"以及传杀的守场员"助杀"。对其他跑垒员的进垒不记录投手"暴投"，也不记录接手"漏接"，而根据各守场员参与该防守的情况记录守场员"选杀"。

【注1】参照规则 9.13 暴投或漏接有关得分的规定。

【注2】依本项（2）的局面，接手不对付击跑员而对付其他跑垒员使其出局时，也同样处理。但2人出局前，一垒有跑垒员，击球员第三击依规则被判出局时，跑垒员因投手暴投或接手漏接进垒，此时记录投手"投杀"，另记录接手"漏接"。

规则 9.13 暴投和漏接（Wild Pitches and Passed Balls）

接手未能接住投球使垒上跑垒员进垒时，记录接手"漏接"。

（a） 投手合法投出的球过高、过低或过偏致使接手虽经正常防守行为的努力仍无法接住或控制，因而使跑垒员进垒时，记录投手"暴投"。投手合法投出的球未到达本垒前先触及地面再经过本垒板致使接手无法接住，因而使跑垒员进垒时，也记录投手"暴投"。如第三击造成暴投使击跑员安全进一垒时，应记录投手"投杀"和"暴投"。

（b） 投手合法投出的球，接手经正常防守行为的努力可以将球接住或控制，但未接住或处理该球致使跑垒员进垒时，记录接手"漏接"。如第三击造成接手漏接使击跑员安全进一垒时，应记录投手"投杀"和接手"漏接"。

【9.13注释】守队的防守致使进垒的跑垒员出局时，不记录"暴投"或"漏接"。例如：一垒有跑垒员，投手的投球砸地反弹，接手未能直接将球接住，但再次捡球后直接传杀跑垒员于二垒，不记录"暴投"。至于其他跑垒员的进垒，应记录守场员"选杀"。又例如：一垒有跑垒员，因接手失接投球，但再次捡球后直接传杀跑垒员于二垒，不记录"漏接"。至于其他跑垒员的进垒，应记录守场员的"选杀"。[参照规则 9.07(a) 有关暴投和漏接的规定]

规则 9.14 四坏球和故意四坏球（Base on Balls）

（a） 击球员因四坏球安全上一垒时，记录一次"四坏球"。但击球员得四坏球时被投球触及身体时，记录"投球中身"，不记录"四坏球"。

【9.14(a) 注释】当一名以上的投手给同一名击球员投出四坏球时，应给最后投球的投手记录"四坏球"［参照规则9.16(h)］。当一名投手给同一名击球员及其替补击球员投出四坏球时，应给最后的击球员记录"四坏球"［参照规则9.15(b)］。

（b）所谓"故意四坏球"，是指投手有意投第四个坏球给投球出手前已站在接手区外的接手，此时记录投手一次"故意四坏球"。

（c）击球员得四坏球，因未进入一垒而被判出局时，不记录其"四坏球"，而记录一次"自击"。

规则 9.15 三击出局（Strikeouts）

（a）遇下列任一情况时，记录"三击出局"。

　（1）第三击接手将球接住，击球员出局时。

　（2）2人出局前，一垒有跑垒员，击球员第三击不中而接手漏接被宣告出局时。

　（3）击球员第三击时，因接手失接而变成击跑员时。

　（4）击球员第三击采用触击而成为界外球时。但击球员第三击如果触击成为界外高飞球并被守场员接杀时，不记录击球员"三击出局"，而记录一次"轮击"，并记录接球的守场员一次"接杀"。

（b）击球员第二击后由替补击球员继续击球而得三击出局时，记录原击球员"三击出局"和一次"自击"。如替补击球员由于四坏球或其他行为完成其击球任务时，记录替补击球员"四坏球"或其他行为。

【注】在同一轮击中，分别调换三名击球员上场击球，第

三名击球员被判"三击出局"时，其中被判第二个好球的击球员，应被记录为"三击出局"，并计算其自击数。

规则 9.16 责任失分和失分（Earned Runs and Runs Allowed）

责任失分是指投手应负责的失分，在计算责任失分时必须考虑下列两点：① 必须扣除一局中所有的失误（接手妨碍击球除外）以及接手漏接。在决定如守场员不失误跑垒员能到达哪个垒有疑问时，应从有利于投手的角度加以考虑。投手如投故意四坏球，不论何种情况，均视为一般的四坏球；② 在同一局中如有 2 名以上的投手上场投球时，对后任投手不必考虑其上场以前因失误或漏接的出局机会，应以当时的出局数为基准决定责任失分。

（a）在三人出局（或有三个出局机会）前，如果跑垒员是因安打、牺牲触击球、牺牲高飞球、盗垒、接杀、守场员选杀、四坏球（包括故意四坏球）、投球中身、投手犯规或暴投（包括第三击时暴投，击球员安全上一垒）进垒而得分时，该得分记录为投手的"责任失分"。根据制定本规则的目的，对守队妨碍行为的处罚应视为一次出局机会。暴投属于投手的过失责任，在确定责任失分时与投手犯规、四坏球上垒同样处理。

【注1】所谓"出局机会"，是指若无防守失误，能将进攻队员杀出局的局面。

【注2】以下例子应记录投手的"责任失分"。

【例1】投手甲在该局投球时，将击球员 A 和 B 投杀出局，因守场员失误，C 上了一垒，D、E 连续击出本垒打，投手甲投杀了 F 结束该局比赛。该局共失 3 分，但投手无责任失分，若C没有此失误，可成为第三个人出局而结束该局比赛。

【例2】投手甲投球，将击球员A投杀出局，击球员B击出三垒打，投手甲向C投球造成暴投，致使B得分，投手甲连续将D、E投杀出局。投手甲该局责任失分为1分，因为暴投属于投手应负的责任。若击跑员上一垒是因接手妨碍而后来得分时，该得分不是责任失分。记录员不能假设如接手没有妨碍行为，该击球员就会出局（这与击跑员因守场员失误而安全进至一垒的情况有所不同），因为该击球员没有机会完成击球，从而无法判断如无接手妨碍击球员时会成立出局的情况，比较以下例子。

【例3】2人出局，A上一垒是因游击手失接地滚球，B击出本垒打，C被投杀出局，失2分，该2分不是责任失分，因为如果没有A，此失误已成为第三个人出局。

【例4】2人出局，A上一垒是因接手妨碍，B击出本垒打，C被投杀出局，失2分，A的得分不是责任失分，B的得分为责任失分，因为不能断定如无接手妨碍A是否出局。

（b）跑垒员因下列原因上到一垒，其随后的得分不记录投手"责任失分"。

（1）因防守队员失接界外高飞球导致该击球员继续击球，继而击出安打或其他原因进至一垒。

（2）因防守队员妨碍击球或阻挡而进至一垒。

（3）因防守队员的失误而进至一垒。

【注】对于因守场员失误而幸免出局的跑垒员，基于击球员的击球行为所做的选杀结果，致使击球员进一

垒时，也适用于本项。

（c）如无失误应成为出局的跑垒员，因守场员失误而使跑垒员幸免出局后而得分时，该得分不记录投手"责任失分"。

（d）跑垒员的进垒得分如果是借助于失误、接手漏接或守场员的妨碍或阻挡，而记录员判断如果不借助于这些失误跑垒员就不可能得分时，不记录投手"责任失分"。

（e）在确定投手的责任失分时，投手在防守上的失误与其他守场员的失误，同样不列为成立责任失分的因素。

（f）跑垒员进垒时，如遇守场员失误，在确定守队如无失误跑垒员可能到达的垒位时（因失误进垒不是投手责任失分），如有疑问应从有利于投手的角度加以考虑。

（g）在一局比赛中更换投手，后援投手上场时对前任投手残留在垒上的跑垒员的得分（无论失分或责任失分）不负任何责任。由于选杀了前任投手残留下来的跑垒员而让自己所投的击球员进到了一垒，该击球员又得分时，后援投手对该得分也不负任何责任，不记录后援投手的失分和"责任失分"。

【9.16(g)注释】制定本规则的目的在于每位投手应对他在投球时进垒的跑垒员的人数负责，而不是对单个跑垒员的得分负责。投手投球时，跑垒员进垒之后被替换下场，他应对相当于在其被替换时遗留在垒上的跑垒员人数的失分负责，除非这些跑垒员的出局不是因击球员的击球行为造成的，而是因盗垒被杀、牵制出局或击跑员进到一垒前因妨碍被判出局，被残留跑垒员的数目应减少（参阅以下7例）。

【例1】投手甲投球，击球员A获四坏球进一垒，后援投手乙替补甲，击球员B击出地滚球被传杀出局使A进二垒，击球员 C 击出高飞球被接杀出局，击球员 D 击出一垒安打，A 得分，记录投手甲"责任失分"。

【例 2】投手甲投球，击球员 A 获四坏球进一垒，后援投手乙替补甲，击球员 B 击出地滚球，A 在二垒被封杀出局，B 进一垒，击球员 C 击出地滚球在一垒被传杀出局使 B 进二垒，击球员 D 击出一垒安打，B 得分，记录投手甲"责任失分"。

【例 3】投手甲投球，击球员 A 获四坏球进一垒，后援投手乙替补甲，击球员 B 击出一垒安打使 A 进三垒，击球员 C 击出游击手方向地滚球，A 在本垒被传杀出局，B 到达二垒，击球员 D 击出高飞球被接杀，击球员 E 击出一垒安打，B 得分，记录投手甲"责任失分"。

【例 4】投手甲投球，击球员 A 获四坏球进一垒，后援投手乙替补甲，击球员 B 得四坏球进一垒，A 进二垒，击球员 C 击出高飞球被接杀，A 在二垒被牵制出局，击球员 D 击出二垒打，B 从一垒进入本垒得分，记录投手乙"责任失分"。

【例 5】投手甲投球，击球员 A 获四坏球进一垒，后援投手乙替补甲，击球员 B 得四坏球进一垒，A 进二垒，投手丙替补乙，击球员 C 击出内场地滚球，A 在三垒被封杀出局，击球员 D 击出地滚球，B 在三垒被封杀出局，击球员 E 击出本垒打，得 3 分，分别记录投手甲、乙、丙各一个"责任失分"。

【例 6】投手甲投球，击球员 A 获四坏球进一垒，后援投手乙替补甲，击球员 B 获四坏球进一垒，A 进二垒，击球员 C 击出一垒安打成满垒，击球员 D 击出地滚球，A 在本垒被封杀出局，击球员 E 击出一垒安打，B 和 C 得分，分别记录投手甲和乙各一个"责任失分"。

【例7】投手甲投球，击球员 A 获四坏球进一垒，后援投手乙替补甲，击球员 B 击出一垒安打，A 在三垒被触杀出局，B 乘传球三垒进入二垒，击球员 C 击出一垒安打，B 得分，记录投手乙"责任失分"。

（h）前任投手于击球员未完成击球任务退出比赛而更换后援投手时，依下列规定记录各投手的责任。

（1）后援投手上场时，投球数遇下列情形，该击球员得四坏球进垒为前任投手的责任，后援投手并不负责。

坏球：2 2 3 3 3

好球：0 1 0 1 2

（2）上述局面，前任投手被替补后，击球员由于其他原因，如安打、守场员失误、守场员选杀、封杀、投球中身而进垒时，是后援投手的责任。

【注】此项规定不构成与规则 9.16(g) 相抵触。

（3）当后援投手上场时，击球员的球数如下列情形，该击球员及其行为均记录为后援投手的责任。

坏球：2 1 1 1 0 0

好球：2 2 1 0 2 1

（i）如同一局中更换投手，在决定后援投手的责任失分时，不得享有其上场前的任何出局机会的利益（在计算责任失分时，后援投手只能享有前任投手的实际出局数，不能享有前任投手的出局机会数）。

【9.16(i)注释】制定本规则的目的在于后援投手仅承担应由其负责的失分。有时后援投手的责任失分可能不一定是该队的责任失分。举例说明如下。

【例1】2人出局,投手甲投出四坏球,击球员A进一垒,击球员B因守场员失误进垒,后援投手乙替补甲,击球员C击出本垒打,得3分,记录投手甲失2分,没有责任失分,投手乙责任失分为1分,球队失3分(因为如果防守不失误,击球员B应成为第三个人出局而结束本局)。

【例2】2人出局,投手甲投出四坏球,击球员A进一垒,击球员B又得四坏球进垒,后援投手乙替补甲,击球员C又因守场员失误进垒成满垒,击球员D击出本垒打,得4分,记录投手甲、乙各失2分,均没有责任失分(因为如果防守不失误,击球员C应为第三个人出局而结束本局)。

【例3】无人出局,投手甲投出四坏球,击球员A进一垒,击球员B因守场员失误进垒,后援投手乙替补甲,击球员C击出本垒打,得3分,击球员D和E被投杀出局,击球员F因守场员失误进垒,击球员G击出本垒打,得2分,记录投手甲失2分,其中责任失分1分,记录投手乙失3分,其中责任失分1分,记录球队失5分,球队责任失分为2分(因为如果防守不失误,只有击球员A和击球员C是无失误进垒)。

规则 9.17　胜利投手和失败投手(Winning and Losing Pitcher)

（a）先发投手在一场比赛中应至少投完5局后退出,此时该队仍然处于领先状态,中途无平分或比分落后获胜而结束的比赛,记录先发投手为"胜利投手"。

（1） 完成规则 9.17(b) 所规定局数的先发投手。

（2） 符合规则 9.17(c) 所规定的投手。

【9.17(a) 注释】当比赛中途出现平分时，决定胜利投手需要考虑以下因素。一旦对方队比分领先时，本队所有先前投过球的投手若重新取得领先的状态时，将成为胜利投手的候选人。如果对方比分又取得领先，后来上场的投手如将比分反超，并将比分领先的优势保持到比赛结束时，记录该投手为"胜利投手"。

（b） 先发投手被替补时该队处在领先状态，后援投手也能保持领先至比赛结束，决定胜利投手时必须符合以下条件。

（1） 先发投手应至少投完 5 局比赛局数。

（2） 先发投手投满 5 局后被替补时，该队的得分保持领先状态，被替补后后援投手直至比赛结束时得分仍然保持领先状态，应记录先发投手为"胜利投手"。如果有两名以上的后援投手共同投完本场比赛，记录员应将对该场比赛胜利绩效最佳的后援投手记录为"胜利投手"。

【9.17(b) 注释】确定后援投手的投球效果优劣，要结合整场比赛（包括失分）来考虑，后援投手至少要投完一局，或者投球完成关键的出局数，再依据比赛相关得分状况决定胜利投手。当第一位后援投手投球效果较好，不应马上推断其就是胜利投手，可能第二位后援投手的投球效果更好，因为规则要求应给投球效果最佳的后援投手记录为胜利投手。

在决定谁的投球效果更有效时，可比较失分、责任失分和被得分的跑垒员数，并结合后援投手出场时的实际情况来考虑。如两名以上的后援投手上场投球而效果相近时，一般记录先出场的后援投手为"胜利投手"。

（c） 先任后援投手上场后能保持该队比分领先，但该后援投手上场时间短暂而且比赛绩效不佳，不记录该投手为"胜利投手"，而接替先任的后援投手在比赛中相对绩效较佳，并将比分领先的状况保持到终局时，应记录后任后援投手为"胜利投手"。

【9.17(c)注释】后援投手上场比赛时间短，投球绩效不佳，是指投球未满一局而且失分超过2分，即便这些失分是先任投手留在垒上跑垒员的得分，规则9.17(b)注释提供了从若干名投手中选择符合"胜利投手"的明确条件。

（d） 投手因被对方得分领先而退出比赛，或退出后因为自己的责任失分使对方得分领先，并使对方保持领先直至终局时，记录该投手为"失败投手"。

【9.17(d)注释】在比赛进行中遇到比分相同时，关于失败投手的决定此时应视为比赛重新开始的状态，直到"失败投手"产生。

（e） 在非锦标赛（比如全明星赛），规则9.17(a)(1)、9.17(b)是不被采用的。在该比赛过程中，使胜队获得决胜分并将领先保持至终局，获决胜分时担任投球的投手（先发或后援）记录为"胜利投手"。如果在胜队取得决定性胜利后，该投手被攻队连续安打、得分而退出比赛时，依记录员的判断后援投手较有资格为"胜利投手"时除外。

规则 9.18 完胜投手（Shutouts）

除非一名投手投完一场无失分的比赛记录，否则不记录为"完胜投手"。但在第一局中，对方队无失分无出局时，替补出场的投手将无失分的比赛保持至终局时，虽然不是"完胜投手"，仍可给予无失分完胜比赛的记录。如果由 2 名或 2 名以上的投手共同完成一场完胜比赛时，应将参与完胜比赛的投手在记录统计表中加以说明。

规则 9.19 后援投手的"助胜"记录（Saves for Relief Pitchers）

后援投手如同时符合下列 4 个条件时，记录为"助胜投手"。

（a）在本队获胜的该场比赛中，最后担任投完比赛的投手。

（b）该投手并非"胜利投手"。

（c）该投手至少有效地投完 1/3 局。

（d）符合下列任一情况的投手。

（1）该投手进场投球时本队得分领先未超过 3 分，并且至少投完一局。

（2）当垒上遗留有跑垒员时，该跑垒员及面对的击球员，或跑垒员与面对的击球员及下一位击球员得分时，即形成得分相同的状况时上场投球而能保持领先；或垒上没有跑垒员时，面对的击球员或下一位击球员得分时，即形成得分相同的情况时上场投球而能保持领先。

（3）该投手至少有效地投完 3 局。

规则 9.20 技术统计（Statistics）

协会主席（联盟主席）或比赛主办单位应指派一名正式统计员，根据规则 9.02 的规定，对每一个比赛队员的击球、防守、跑垒和投手的投球进行记录和统计。

统计员应于赛季结束时向协会主席（联盟主席）或主办单位呈报有关联赛（锦标赛）各队和每个队员的技术统计报告。报告里写明每个队员的姓名，是右打还是左打，还是左右打，是右投还是左投（投手），是右传还是左传（守场员）等相关的记录。

客队（先攻队）在上场队员名单中所列开场队员，如果在一局下半局进入防守时未出场防守，由他人替补，则有关防守成绩的记录上不得记录为出场比赛；而正式上场队员名单上的队员被宣布替补上场者，有关进攻成绩的记录上应被记录为出场比赛。如为决定联盟（分区）冠军而加赛，则该场比赛的记录应列入锦标赛（赛季）的记录中。

【9.20注释】当比赛队员在防守时，投手至少投出一球，或守场员至少进行一次攻守行为后，即为出场比赛的记录。替补上场的队员在防守时投出一球或攻守行为结束前（如因下雨）被宣布中止比赛时，应记录击球有关比赛的记录，不记录防守有关的记录。后援投手踏板投出一球，或攻守行为结束前被宣布中止比赛时，应记录击球有关比赛的记录，不记录防守和投手有关比赛的记录。各分区季赛加赛的相关成绩也应列入成绩统计。

规则9.21 技术统计的百分率（Determining Percentage Records）

各百分率应按下列方式进行计算。

（a）胜场率和负场率：以胜场数除以胜场与负场之和为胜场率，以负场数除以胜场与负场之和为负场率。

（b）安打率：安打总数（不是垒打总数）除以自由击球总数。[参照规则9.02(a)所规定的自由击球总数]

（c）垒打率（长打率）：垒打总数除以自由击球总数。

（d） 防守率：接杀数加助杀数除以接杀、助杀、失误的总和。

（e） 投手责任失分率：责任失分乘以9，再除以投球总局数。

【注1】计算投手责任失分率时，如投球局数不满一局时，对不满的部分也应计算在内。（不采用舍去或进位法）

【例】责任失分为3，投球局数为9 $\frac{1}{3}$ 局时，其责任失分率为3×9÷9 $\frac{1}{3}$ ≈ 2.89。

【注2】百分率的计算如无法整除时，求至小数点后四位数并四舍五入。投手责任失分率，求至小数点后三位数并四舍五入。

（f） 上垒率：安打、四坏球、投球中身的总和除以自由击球总数、四坏球、投球中身、牺牲高飞球的总和。

【9.21(f)注释】计算上垒率时，因妨碍击球或阻挡跑垒而获得上垒时，不应计算在内。

规则 9.22　评定最佳队员的基本标准（Minimum Standards for Individual Championships）

职业棒球联盟评定最佳队员（击球员、投手、守场员）的标准如下。

（a） 联盟的最佳击球员或首位长打击球员及最高上垒率队员给予安打率最高的击球员或长打率最高的击球员及上垒率最高的队员。但职业棒球联盟要求其轮击次数必须为该队在该赛季比赛总场数的3.1倍以上，而国家协会则需要7倍以上的轮击次数（轮击次数为自由击球、四坏球、牺牲触击球、牺牲高飞球、被妨碍或阻挡上垒次数的总和）。

【9.22(a) 注释】如果职业棒球联盟每个队比赛场数为 162 场时，所需 3.1 倍的轮击次数为 502 次。在国家或地区棒球协会每个队比赛场数为 140 场时，该 7 倍所需上场轮击次数为 980 次，在计算时应将小数点后的尾数四舍五入。

【例】A 在 500 次自由击球中击出 181 个安打，安打率为 0.362，在职业棒球联盟规定 502 次轮击次数最高安打率首位。B 的安打率为 0.375，但 B 的轮击次数为 490 次，自由击球次数只有 440 次，165 个安打没有达到轮击 502 次的基本标准。若把 B 的轮击次数增加 12 次达到 502 次，相应把 B 的自由击球次数也增加 12 次到达 452 次之后计算出 B 的安打率为 0.365，比 A 的安打率高，因此 B 就成为联盟安打率最佳队员。

以下为计算公式：

A. 轮击数 502，安打数 181÷ 自击数 500= 安打率为 0.362

B. 轮击数 490，安打数 165÷ 自击数 440= 安打率为 0.375

B. 轮击数 502，安打数 165÷ 自击数 452= 安打率为 0.365

（b） 最佳投手的评定。

职业棒球联盟要求投手至少要投够该联盟对每个队所排定比赛场数相等的局数。国家或地区棒球协会要求投手至少要投够与本队在该赛季比赛场数的 80% 的局数。

【9.22(b) 注释】如果职业棒球联盟排定每个队比赛场数为 162 场，其规定投手要投够 162 局，如投手投了 161 $\frac{1}{3}$ 局时，就没有评定资格。国家或地区棒球协会排定每个队为 140 场比赛，其规定投球局数为 112 局。在每个队有 144 场

比赛时，评定最佳投手场数的 80% 是 115.2，四舍五入后为
115 $\frac{1}{3}$ 局，这 115 $\frac{1}{3}$ 是评定最佳投手的最低投球局数要求。
在每个队 76 场比赛中 80% 的比赛场数为 60.8，相当于 60
$\frac{2}{3}$ 局，这 60 $\frac{2}{3}$ 局是评定最佳投手的最低投球局数要求。

（c） 最佳守场员的评定。

按最高防守率及以下任一条件分别评定每个位置的最佳守
场员。

（1） 接手至少要参加该赛季该队比赛场数的一半并担任接
手出场比赛。

（2） 内场手或外场手要至少参加该赛季该队比赛场数的
2/3 并以该防守位置出场比赛。

（3） 投手至少投足该赛季该队比赛场数相同的局数。但未
投满规定投球局数的投手，其出局机会数（接杀、助
杀、失误合计）的记录，如果与其他投手的防守率相
比最高时，而且防守次数较多，仍可评定该投手为最
佳防守率投手。

规则 9.23　连续记录的规定（Guidelines for Cumulative Performance Records）

（a） 连续安打记录并不因四坏球、投球中身、妨碍击球或阻挡
以及牺牲触击球而中断，但牺牲高飞球仍属于该项记录中
断的要素。

（b） 连续比赛安打记录并不因所有的轮击都是四坏球、投球中身，
或阻挡以及牺牲触击球等任一因素而中断，但牺牲高飞球
仍属该项记录中断的要素。队员个人的连续比赛安打是以
该队员连续出场比赛的结果来决定的。

【注】队员虽出场比赛，但尚未轮到击球比赛就已结束，或因上垒的跑垒员出局交换攻守，由此虽进入轮击但未能完成击球任务时，不视为连续安打及连续比赛安打的记录被中断。

（c） 连续出场比赛记录至少应在本队有某一局的出场防守（自始至终）或上垒或出局而完成击球任务者，仅因替补跑垒而出场者不得记录为连续比赛出场的记录。队员在未符合本项规定前，被裁判员判罚驱逐出场时，不视为此项连续比赛出场记录的中断。

（d） 改期续赛适用于本条各项规则的规定，所有改期续赛的补赛至比赛结束的成绩记录，应视为发生于原定比赛日期的比赛。

术语定义
DEFINITION OF TERMS

注：以英文字母为序。

1. 判定（Adjudged）

裁判员根据判断所做出的决定。

【注】本判定无抗议的余地，但裁判员运用规则错误所做出的裁决不在此限。

2. 申诉（Appeal）

守队对攻队队员的犯规行为要求裁判员判定出局的行为叫"申诉"。

3. 投手犯规（Balk）

垒上有跑垒员时，投手的不合法行为叫"投手犯规"。此时判各跑垒员安全进一个垒（但不判击球员一"球"）。

4. 坏球（Ball）

投手合法投出的球未直接通过"好球区"，而击球员又未挥棒击球的投球叫"坏球"。

【注】如果投球落地后进入"好球区"，即"坏球"打中击球员，则应判"投球中身"，击球员安全进到一垒，成为死球局面。如果二击后击球员挥击该球未中，即使被接手接住，仍判为接手"漏接"。如果击球员把该落地球击出，则等同于把未落地的投球击出，继续比赛。

5. 垒位（Base）

跑垒员为得分而必须按逆时针顺序踏触位于内场四个角的位置叫

"垒位"。垒位通常放置帆布、橡胶垒包或橡胶板作为标志。

6. 跑垒指导员（Base Coach）

穿着与队员同样的比赛服装，位于一垒、三垒外跑垒指导员区内指导击球员击球和跑垒员跑垒的本队成员叫"跑垒指导员"。

7. 四坏球进垒（Base on Balls）

击球员在击球中获得四个位于好球区之外的投球，被给予安全进一垒的判决，或者守方主教练想要故意保送击球员时，在他向司球裁判员做出手势后，击球员获得安全进到一垒。如果主教练通知司球裁判员他想这样做，司球裁判员应该给予击球员安全进到一垒，如同击球员获得四坏球的投球。

8. 击球员（Batter）

在击球区内担任击球任务的攻队队员叫"击球员"。

9. 击跑员（Batter Runner）

击球员完成击球任务后向一垒跑进的攻队队员叫"击跑员"。

10. 击球区（Batter's Box）

击球员击球时站立的区域叫"击球区"。

11. 投接搭档（Battery）

投手与接手二人的组合叫"投接搭档"。

12. 队员席（Bench or Dugout）

供比赛队员、替补队员和其他穿着比赛服装的同一球队队员就座的席位叫"队员席"。凡未上场比赛的队员应进入该区域。

13. 触击球（Bunt）

击球员不挥棒而有意用球棒轻触来球，使球缓慢地滚入内场的击球叫"触击球"。

14. 中止比赛（Called Game）

不论任何理由，经司球裁判员宣布中途停止的比赛叫"中止比赛"。

15. 接住（Catch）

飞行中的击出球或投球或传球被守场员在落地之前牢固地将球握在手套或手中的防守行为叫"接住"。但使用帽子、头盔、护具、口袋或球衣的任何部分接住者不视为"接住"。如果在接球的同时或接球后因与其他队员或挡墙相撞摔倒以致将球掉落不视为"接住"。

如果守场员触及的高飞球又触及攻队任一队员或裁判员时，即使被其他守场员接住，也不视为"接住"。当守场员把球接住后在传球时失手将球掉落（即第二动作），仍视为"接住"。"接住"的有效性应按守场员有足够的时间把球握住从而证明已把球控制住，同时传球又是自觉的和有意的等来确定。

【注释】守场员接球时即使接球不稳，球在手套上弹跳，但只要最后在落地之前接牢或由其他守场员接牢都视为"接住"。跑垒员在第一个守场员接触高飞球的瞬间即可离垒。守场员可伸出挡墙、栏杆、围绳外的观众席接高飞球，也可跳至栏杆或置于界外比赛有效区的帆布上接高飞球。如果守场员受到妨碍是因为伸进观众席接不视为观众的妨碍，其接球过程自行判断危险状况。如果守场员至队员席边缘比赛有效区接高飞球时，为避免摔进队员席内，如倒地前被队员（不论哪一方队员）扶持而将球牢固地接住，应判为"接住"。

【注】高飞球在落地前先触及接手随身的面罩或护具再由接手接获时为合法接住（擦棒被接球规定参照相关定义）。但如果以手或手套以外的用具，如接手的护具或面罩接住的情况，不视为合法接住。

16. 接手（Catcher）

位于本垒后方的守场员叫"接手"。

17. 接手区（Catcher's Box）

接手在投手投球出手前必须站立的区域叫"接手区"。

18. 球团或俱乐部（Club）

负责提供球场及辅助设施，组织俱乐部球队加入所属联盟或协会，并能代表该球队向联盟或协会负责的个人或团体。

19. 教练员（Coach）

执行由主教练（Manager）所赋予的任务并穿着比赛服的本队成员叫"教练员"，其职责并不仅限于担任"跑垒指导员"。

20. 死球（Dead Ball）

根据规则造成比赛暂时停止的球叫"死球"。这种暂停比赛的局面叫"死球局面"。

21. 守队或守队队员（Defense or Defensive）

在场内进行防守的队或队员叫"守队或守队队员"。

22. 一日双赛（Double Headers）

按赛程一日内连续进行两场比赛叫"连赛两场"，此赛程可能是原定赛程或临时修订安排的赛程。

23. 双杀（Double Play）

守场员使攻队2名队员连续出局，而在2人出局之间无任何失误的防守行为叫"双杀"。

（a） 双封杀（Force Double Play）

连续两个封杀状态完成的2人出局叫"双封杀"。

（b） 封触双杀（Reverse Force Double Play）

先用封杀，再用触杀完成的双杀叫"封触双杀"。

【例1】一垒有跑垒员，一人出局，击球员击出一垒方向的地滚球，一垒手接球触踏一垒，封杀击跑员后传球给二垒手或游击手，使一垒跑垒员在二垒被触杀出局（触杀成双杀）。

【例2】满垒，无人出局，击球员击出三垒方向的地滚球，三垒手接球后触踏三垒封杀了二垒跑垒员后传球给接手触杀三垒跑垒员成双杀。

24. 队员席（Dougout）

与队员席（Bench）的定义相同。

25. 界内球（Fair Ball）

合法击出的球如遇下列任一情况均为"界内球"。

（a） 球停止在本垒至一垒或本垒至三垒之间界内区时。

（b） 击出球在界内区触地后越过一垒、三垒垒位后从垒位后面的界内区滚出外场时。

（c） 触及一垒、二垒、三垒垒包时。

（d） 先落在一二垒及二三垒的垒线上或该线后的外场界内区时。

（e） 球在界内触及裁判员或比赛队员身体时。

（f） 从界内区直接飞越出本垒打挡墙或线时。

界内球应以高飞球触及守场员时与边线（包括本垒打标志杆）的位置来判定，而不应以守场员触及高飞球时所站的位置是界内区或界外区来判定。

【注释】在边线上接高飞球时，应按守场员手套触球时与地面的垂直线（包括边线标杆）来判定，包括在边线上的界内球，而不应以守场员触球时是否站在界内或界外区来判定。为了使裁判员准确地判定界内球或界外球，在边线本垒打标杆上端界内区部分应设置铁网。高飞球落在内场后，如在一垒、三垒前没有触及任一比赛队员或裁判员而又弹出界外区时判"界外球"，如停留在界外区或在界外区被队员触及时也判"界外球"。但是高飞球落在一垒、二垒、三垒上或落在一垒、三垒后面的外场界内区然后弹出界外区时判为"界内球"。

【注】击球员区在界内区的小三角为界内区，如果击出的球停止在小三角内为界内球。击球员在所站的击球员区内无意触及击出的球时

为界外球，如有意触及击出的球判击球员出局。如果击球员触及了另一个击球员区小三角内的球，不论有意无意均判击球员出局。

【注】击出球在界内区碰触地面物以外的东西，如击球员所抛掷的球棒或接手所脱下的面罩等，为比赛进行球。

【问】击出的球触及三垒上的跑垒员身体使球进入界内区或使球传出界外区时，如何裁定？

【答】依球与跑垒员触及的位置而定，如果在界内区触及跑垒员则为界内球，如果在界外区触及跑垒员则为界外球。跑垒员触及界内区的球时，将被判出局。

26. 界内区（Fair Territory）

从本垒经一垒、三垒边线及其延长线至挡墙或围网（包括所有界限）及垂直空间以内的区域叫"界内区"。

27. 守场员（Fielder）

进行防守的队员叫"守场员"。

28. 守场员选杀（Fielder's Choice）

守场员在处理界内地滚球时不传杀击跑员而传杀前位跑垒员出局的防守行为叫"守场员选杀"。

守场员选杀也适用于记录员记录。对于因下述原因而取得进垒的击跑员或跑垒员在记录上应记为守场员选杀。

（a） 击跑员由于守场员处理击出的安打球时选杀前位跑垒员而多进一个垒或一个以上的垒时。

（b） 跑垒员由于守场员传杀其他跑垒员而取得进垒时（盗垒或守场员失误的进垒除外）。

（c） 跑垒员盗垒因守场员未采取防守行为而取得进垒时。

29. 高飞球（Fly Ball）

被击出成高空飞行状态的球叫"高飞球"。

30. 封杀状态（Force Play）

因击球员成为击跑员，被迫进垒的前位跑垒员则失去占有该垒权利的状态叫"封杀状态"。

【注释】需要注意的是在比赛中其封杀状态也会因比赛局面的改变而解除和消失。

【例1】满垒，一人出局，击球员击出一垒方向的快速地滚球，一垒手接住后立即触踏一垒使击跑员出局。这时封杀局面就不再存在，守场员对进入二垒的跑垒员必须采取触杀。如果当二垒或三垒有跑垒员，而任一跑垒员在进入二垒时被触杀出局之前已进入本垒得分，则得分有效。如果一垒手接球后不是先触踏一垒而是传球到二垒，二垒手持球触踏二垒后再将球传回一垒，则是双封杀，二垒或三垒跑垒员的得分则无效。

【例2】一人出局，一垒、三垒有跑垒员，击球员击出左外场高飞球被接杀，成2人出局，三垒跑垒员在接杀后离垒跑进本垒得分。但一垒跑垒员离垒过早，球传到一垒被申诉判三人出局。这时如果裁判员判定三垒跑垒员进入本垒在先，传球申诉在后，则得分有效。

31. 弃权比赛（Forfeited Game）

由于一方违反规则，经司球裁判员宣判另一方以 9：0 获胜而结束的比赛叫"弃权比赛"。

32. 界外球（Foul Ball）

击球员合法击出的球如遇下列任一情况时为"界外球"。

（a）　球停止在本垒到一垒或本垒到三垒之间的界外区时。

（b）　地滚球在经过一垒、三垒垒位时，从垒位外侧界外区滚入外场或继续滚出界外区时。

（c）高飞球或平飞球第一个落点在一垒、三垒垒位后界外区时。

（d）球在界外触及裁判员、比赛队员的身体或其他障碍物时。

界外球应以高飞球或平飞球触及守场员时与边线（包括本垒打标志杆）的位置来判定，而不应以守场员触及球时所站的位置是界内区或界外区来判定。

【注释】击出的球在没有触及守场员前击中投手板然后反弹到本垒到一垒或三垒之间滚出界外区时判"界外球"。

击球员击出球之后在尚未离开击球员区时，再次被击出的球无意触及身体或球棒时为"界外球"。

击出的球触及界外区的挡网、挡墙或击球员放下的球棒、接手脱下的面罩、裁判刷子等地面以外的用具后再进入界内区时为"界外球"。

33. 界外区（Foul Territory）

从本垒经一垒、三垒边线及其延长线至挡墙或围网（包括垂直地面的空间）以外的区域叫"界外区"。

34. 擦棒被接球（Foul Tip）

击球员击球时球擦棒后直接进入接手的手或手套并被接住的击球叫"擦棒被接球"。没有接住就不是擦棒被接球。每一个擦棒被接球均判"好球""一击"，继续比赛。擦棒的球如先触及接手的手或手套再触及身体并在落地前接牢时，视为直接接住，判为"擦棒被接球"。但先触及接手的手或手套以外的部位（如身体、护具），之后反弹出，即使在该球落地前被接住也不属于擦棒被接球，而属于界外球。

35. 地滚球（Ground Ball）

击球员击出在地面滚动或弹跳的击球叫"地滚球"。

36. 主队或后攻队（Home Team）

某队在本队球场或本地球场进行比赛时，该队即为"主队"，按惯例为先守队，又称"后攻队"。如果在中立的球场进行比赛时，则主客队按事先排定的赛程或比赛前用抽签办法或协商确定。

【注】主队的对方队则称为客队。

37. 不合法（Illegal or Illegally）

违反本规则的行为叫"不合法"。

38. 不合法投球（Illegal Pitch）

投手违反下列任一规则的投球，均判"不合法投球"。

（a）投手的轴心脚没有踏触投手板而向击球员投球。

（b）急投，即急速向没有准备好的击球员投球。

"不合法投球"判击球员"一球"。垒上有跑垒员时的"不合法投球"判"投手犯规"，垒上的跑垒员都安全进一个垒，但不判击球员"一球"。

39. 内场手（Infielder）

位于内场各位置进行防守的队员叫"内场手"。

40. 内场高飞球（Infield Fly）

两人出局前，跑垒员占一垒、二垒或满垒的情况下，击球员击出高飞球（平飞球及试图触击而致成为高飞球除外），内场手以正常努力防守行为即可接住该球。投手、接手或位于内场附近的外场手，对该高飞球采取防守行为时，也视同内场手。

击出的球已能明确地判定为内场高飞球时，裁判员出于让跑垒员受益的目的，应立即宣判"内场高飞球"；如果击出的高飞球在边线附近的上空时，应宣判"如果是界内球，即为内场高飞球"（Infield Fly, if fair）。

内场高飞球为继续比赛状态，跑垒员可冒着球被接住的危险向下一个垒跑进，或者在该球被接触后，跑垒员可以再踏原垒（Retouch）继续进垒，就如同普通高飞球。如果击出球成为界外球，就如同其他界外球一样对待。

已被宣判为内场高飞球，最初落点虽在内场区（未触及任何对象），但在通过一垒或三垒前弹出界外区域成为界外球，则不视为内场高飞球。相反，被宣判为内场高飞球，最初落点虽在界外区（未触及任何对象），但在通过一垒或三垒前弹入界内区域成为界内球，则视为内场高飞球。

【注释】裁判员引用内场高飞球规则时，应以内场手通过正常努力防守行为是否能轻易接住作为裁决依据，不可以僵化地以参照物为设定条件（比如以草地或垒线为界）。如果该高飞球由外场手处理，但裁判员认为在一般情形下，该球将易于被内场手接住，应宣判"内场高飞球"。

内场高飞球不符合申诉的规定，一裁判员的判断为优先，必须立刻决定。宣判"内场高飞球"时，跑垒员可冒险进垒，如果内场手将被宣判"内场高飞球"的高飞球故意掉落时，应以内场高飞球的规则为优先，仍为比赛进行球。

如果内场高飞球处于飞行状态，发生跑垒员妨碍防守时，仍继续比赛，直至判定界内或界外为止。如果宣判的内场高飞球成为界内球，妨碍防守的跑垒员及击球员都宣判出局。如果宣判的内场高飞球成为界外球，即使球被接住，此时妨碍防守的跑垒员被判出局（由于是按照跑垒员妨碍判罚，即时成为死球局面，后面再发生的任何攻守行为就视同没发生），击球员继续击球。

【注】内场高飞球经过裁判员宣判后生效。

41. 飞行状态（In Flight）

击出的球、传球、投手的投球在触及守场员前未触及地面或其他物体的状态叫"飞行状态"。

42. 出局危险（In Jeopardy）

比赛进行中攻方队员处在有可能被判出局的危险状态叫"出局危险"。

43. 局（Inning）

局是全场比赛的一部分。比赛双方分别因三人出局而交换攻守各一次为"一局"。

【注】客队（先攻队）进攻时为上半局，主队（后攻队）进攻时为下半局。

44. 妨碍（Interference）

凡影响比赛队员进行正常攻守活动的行为都叫"妨碍"。

（a）攻队的妨碍，是指攻队队员对正在进行防守的守场员进行遮挡、碰撞、阻碍或干扰的犯规行为。裁判员宣判击球员、击跑员或跑垒员因妨碍行为而出局时，所有的跑垒员都应返回裁判员认为发生妨碍行为时所占有的垒位，除非本规则另有特殊规定。

【注】发生妨碍行为时如击跑员没有到达一垒，则所有跑垒员都应返回到投手投球时原占垒位，但已被判出局的跑垒员除外。然而，倘若2人出局前，比赛进行中一名跑垒员已进入本垒得分，在其后的攻守行为中击跑员因跑出跑垒限制道外的妨碍行为被判出局，进入本垒的跑垒员应判得分有效。

（b）守队的妨碍，是指守场员阻碍或干扰击球员击球的行为。

（c）裁判员的妨碍。

（1）司球裁判员妨碍接手传杀盗垒的跑垒员或返杀离垒的跑垒员。

（2）击出的界内球在穿过守场员前（投手除外）在界内区触及裁判员。

【注】接手向投手回传球的动作受到司球裁判员的妨碍也包含在内。

（d）观众的妨碍，是指在比赛进行中，观众伸出看台或进入比赛场地，触及比赛进行中的球，或触及并妨碍守场员正在处理球。

【注】发生以上妨碍行为时即成为死球局面（但不包括击球员和接手的妨碍行为）。

45. 联盟（协会）（League）

指主办当局或该次赛会的主办单位，即制定竞赛规程、编排比赛日程的赛会组织。

46. 联盟主席（协会主席）（League President）

执行本规则，包括解决所有纠纷，裁定抗议、申诉，并依自己的判断对违反本规则的运动员、主教练员和教练员以及裁判员给予适当处罚的赛会最高负责人。

47. 合法（Legal or Legally）

符合本规则的行为叫"合法"。

48. 活球（Live Ball）

处于比赛进行中的球叫"活球"。

49. 平直球（Line Drive）

击球员所击出的强劲、直线、未触及地面飞行的球叫"平直球"。

50. 主教练（经理）（Manager）

负责本队场上比赛事宜并代表本队与裁判员或对方队协议的本队成员叫主教练。队员经主教练指派也可临时代理主教练职责。

（a）各队应于开赛前30分钟向联盟主席（协会主席）或担任该场比赛的司球裁判员指定该队的主教练。

（b）主教练可依照联盟（协会）规定，将其职权委任于教练员或队员，并应向司球裁判员报备。经报备确认后，本规则认定该被指派的代理者为主教练，其对该队所有行为负有完全责任。

（c）　如果主教练员离开场地，应指定一名教练员或队员作为其代理人。代理人具有主教练的职责、权利及义务，如果主教练员离开比赛场地时，没有或拒绝指派代理人时，则由司球裁判员代为指派该队某队员为主教练代理人。

51. 阻挡（Obstruction）

守场员没有持球，也不是正在处理球，而阻碍跑垒员跑垒的行为叫"阻挡"。

【注】正在处理球，是指守场员准备接击出的球至接球后传球出手前的过程。如果该球确已直接传向该守场员而其不得不进入适当的位置上接球时，也应视为"正在处理球"。

守场员究竟是否"正在处理球"，完全取决于裁判员的判断。守场员处理球失误后发生阻碍跑垒员的行为时，就不再视为"正在处理球"，而应判"阻挡"。

【例】内场手处理地滚球时因滑倒而失误，当球已穿过该内场手，如果他仍然躺在地上因而延误了跑垒员跑垒，应视为"阻挡"。

52. 攻队或攻队队员（Offense or Offensive）

在场内进行进攻的队或队员叫"攻队或攻队队员"。

53. 正式记录员（Official Scorer）

由比赛主办单位指派担任比赛记录和技术统计工作的人员叫"正式记录员"。

54. 正常防守行为（Ordinary Effort）

当评价守场员的防守行为时，应充分考虑天气和场地的因素，并以联盟内各个防守位置应具备的平均水平作为评价标准。

【注释】该术语为规则（安打）9.05(a)(3)、9.05(a)(4)、9.05(a)(6)、9.05(b)(3)；（牺牲打）9.08(b)；（失误）9.12(a)(1) 注释，9.12(d)(2)；（暴投

和漏接）9.13(a)、9.13(b) 等有关用语。该标准是评价每一个守场员的客观标准，换言之，即使一个守场员已发挥了最佳防守水平，但是其表现仍低于该联盟这一防守位置的平均水平时，记录员应记该守场员"失误"。

55. 出局（Out）

攻队队员被取消击球、跑垒、得分的权利，或防守队为使本队改守为攻，使进攻队失去一次进攻机会"出局"。

56. 外场手（Outfielder）

位于外场各位置上进行防守的队员叫"外场手"。

57. 滑出垒位（Overslide or Oversliding）

凡因滑垒过猛而冲出或离开垒位的行为叫"滑出垒位"，攻队队员从本垒进入一垒时除外。

58. 罚则（Penalty）

对违规行为适用的规则叫"罚则"。

59. 队员或裁判员的身体（The Person of a Player or an Umpire）

指队员或裁判员的身体、衣服及用具的任何部分。

60. 投球（Pitch）

投手针对击球员所投出的球叫"投球"。

【注释】应明确地区分投球与传球。投球是指投手踏板针对击球员所投出的球。至于其他队员向另一队员所掷出的球应称为"传球"。

61. 投手（Pitcher）

被指定向击球员投球的防守队员叫"投手"。

62. 投手的轴心脚（The Pitchr's Pivotfoot）

投手在投球时踏触投手板的脚叫"投手的轴心脚"。

63. 比赛开始（或继续比赛）（Play）

司球裁判员宣布比赛开始或遇死球局面时宣布恢复比赛的口令。

64. 急投（Quick Pitch）

投手有意乘击球员尚未做好击球准备，急速向其投球的行为叫"急投"。急投属于不合法投球。

65. 正式比赛（有效比赛）（Regulation Game）

66. 再踏垒（Retouch）

跑垒员依据规则再次返回原垒位踏触垒包的行为叫"再踏垒"。

【注】"再踏垒"是指高飞球或平飞球被接杀时，已离垒的跑垒员为返回原垒再次踏垒的行为，或击出高飞球时虽然跑垒员踏在原垒上，但在守场员接触球的同时，离垒试图跑进下一垒的行为。

67. 得分（Run or Score）

攻队队员由击球员成为跑垒员并依次踏触一垒、二垒、三垒，最后安全踏触本垒的进攻行为叫"得分"。

68. 夹杀（Run – Down）

守场员对跑在垒间的跑垒员进行传杀并迫使其出局的防守行为叫"夹杀"。

69. 跑垒员（Runner）

正在进垒、触垒或返回垒位的攻队队员叫"跑垒员"。

70. 安全（Safe）

裁判员对跑垒员取得占有垒位权利的判定叫"安全"。

71. 侧身投球（Set Position）

投手以身体侧向对着击球员投球的姿势叫"侧身投球"。它是两种合法投球姿势的一种。

72. 抢分触击（Squeeze Play）

三垒有跑垒员时，击球员采用触击方式使三垒跑垒员抢进本垒得分的一种进攻战术叫"抢分触击"。

73. 好球（击）（Strike）

投手的合法投球如符合下列任一情况时为"好球"（也称"击"）。

（a）击球员击球未中时（包括触击）。

（b）击球员未挥棒击球，但该投球的任何部分在飞行状态中通过好球区时。

（c）二好球（二击）前击成界外球时。

（d）触击成界外球时。

【注】通常"二击"以后的界外球不算"击"，也不算"球"。但击球员触击时在任何情况下都被计算为"击"。故二击以后如触击成界外球判击球员三击不中出局（死球），但触击成高飞球被接杀时，视为高飞球接杀出局。

（e）击球未中（包括触击）而球触及击球员身体或衣服时。

（f）未落地的投球通过"好球区"触及击球员的身体或衣服时。

（g）击球成"擦棒被接球"时。

74. 好球区（Strike Zone）

好球区以击球员的肩部上沿与裤腰上沿的中间平行线为上限，以膑骨（Patella）下沿为下限，上下限之间的立体空间区域叫"好球区"。好球区以击球员准备迎击投球时所采取的站立姿势来判定。

【注】击球员有时为了缩小好球区，采取弯腰、下蹲等不自然的击球姿势，司球裁判员应依据正常的击球姿势来判定其好球区。

75. 改期续赛（Suspended Game）

裁判员因故宣布中止比赛，并另行改期继续将其未赛完的局数再行补赛叫"改期续赛"。

76. 触杀（Tag）

当守场员的手或手套中确保持球时，以身体去触垒，或以持有球的手或手套去触及跑垒员的行为叫"触杀"（不包括仅仅是手套悬垂着的皮条或绑绳）。如果在触垒或触及跑垒员的同时或随后掉落球，则不视为完成触球行为。为确定触球的有效性，守场员必须有足够的持球时间证明其完成了对球的控制。如果守场员在完成触垒或触及跑垒员之后，继续要进行传球的行为而掉落球时，应可判定为完成触球行为。

77. 传球（Throw）

守场员挥臂将球传向既定目标的防守行为叫"传球"。

"传球"与投手向击球员的"投球"应有所区别。

78. 平局比赛（Tie Game）

经司球裁判员宣布两队得分相同而终止的比赛叫"平局比赛"。

79. 暂停（Time）

裁判员按规定暂时中断比赛时所做出的宣告术语，此时成为死球局面。

80. 触及（Touch）

碰触到队员或裁判员身体、衣服或其用具的任何一部分都叫"触及"。

81. 三杀（Triple Play）

防守队员将攻队三名队员连续杀出局而在三个出局之间无任何失误的防守行为叫"三杀"。

82. 暴投（Wild Pitch）

接手经过正常防守行为的努力而无法处理投手过高、过低或偏离本垒板的合法投球叫"暴投"。

83. 正面投球（Wind-up Position）

投手以身体正面对着击球员投球的姿势叫"正面投球"。它是两种合法投球姿势的一种。

附录 APPENDICES

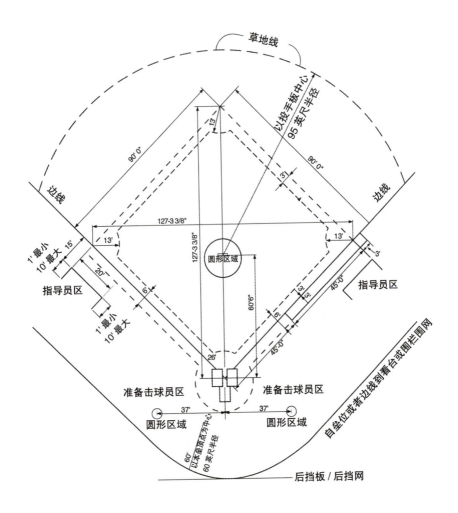

草地线

以投手板中心为半径 95 英尺半径

90' 0'

90' 0'

边线

边线

13'

3'

127-3 3/8"

127-3 3/8"

13'

13'

13'

3'

1' 最小
10' 最大

15'

圆形区域

指导员区

指导员区

20'

6'

6'

60'6"

45'-0"

1' 最小
10' 最大

45'-0"

26'

自垒位或者边线到看台或围栏围网

准备击球员区

准备击球员区

37'

37'

圆形区域

圆形区域

以本垒顶点为中心 60 英尺半径

60'

后挡板 / 后挡网

图 1 棒球比赛场地

注：图中为英制单位，1 英寸 =2.54 厘米，1 英尺 =0.3048 米

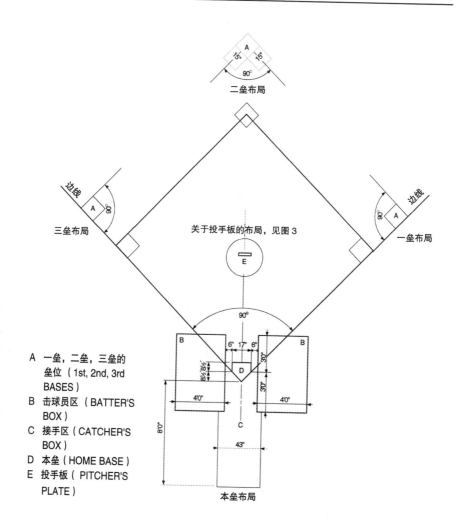

A 一垒，二垒，三垒的
  垒位（1st, 2nd, 3rd
  BASES）
B 击球员区（BATTER'S
  BOX）
C 接手区（CATCHER'S
  BOX）
D 本垒（HOME BASE）
E 投手板（PITCHER'S
  PLATE）

图2　本垒及一垒、二垒、三垒的布局

注：图中为英制单位，1 英寸 = 2.54 厘米，1 英尺 = 0.3048 米

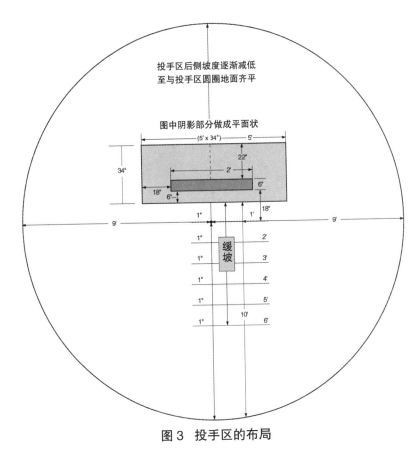

图3 投手区的布局

注：图中为英制单位，1 英寸 =2.54 厘米，1 英尺 =0.3048 米

投手区是一个 18 英尺（5.49 米）直径的圆形区域，其中心到本垒板靠近投手板侧边的距离为 59 英尺（17.98 米）。

将投手板前侧边缘置于 18 英尺投手区中心的后侧。

投手板前侧边缘到本垒板顶端的距离是 60 英尺 6 英寸（18.44 米）。

自投手板前沿 6 英寸（15.2 厘米）处开始缓坡。

自投手板前 6 英寸（15.2 厘米）处朝向本垒板方向 6 英尺（182.9 厘米）的地点为止，以每 1 英尺（30.5 厘米）保持 1 英寸（2.5 厘米）的斜度差距并且保持倾斜度的一致。

5' x 34" 投手板前沿前侧 6 英寸，两板侧18 英寸，板后沿后侧 22 英寸的范围，即 5英尺长、34 英寸宽的投手区区域为水平状。

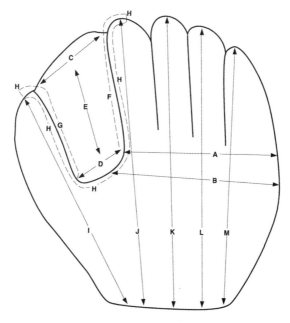

图 4　手套尺寸

(A) 掌宽度 19.69 厘米 Palm width—7 $3/4$"

(B) 掌宽度 20.32 厘米 Palm width—8"

(C) 接球网上端宽度（在任何点测量不得超出）11.43 厘米

    Top opening of web—4 $1/2$" (Webbing not to be wider than 4 $1/2$" at any point)

(D) 接球网下端宽度 8.89 厘米 Bottom opening of web—3 $1/2$"

(E) 接球网自上到下长度 14.61 厘米 Web top to bottom—5 $3/4$"

(F) 食指侧虎口接缝长度 13.97 厘米 1st finger crotch seam—5 $1/2$"

(G) 拇指侧虎口接缝长度 13.97 厘米 Thumb crotch seam—5 $1/2$"

(H) 绕虎口接缝长度 34.93 厘米 Crotch seam—13 $3/4$"

(I)　拇指侧自上到下长度 19.69 厘米 Thumb top to bottom edge—7 $3/4$"

(J)　食指自上到下长度 33.02 厘米 1st finger top to bottom edge—13"

(K) 中指自上到下长度 29.85 厘米 2nd finger top to bottom edge—11 $3/4$"

(L) 无名指自上到下长度 27.31 厘米 3rd finger top to bottom edge—10 $3/4$"

(M) 小指自上到下长度 22.86 厘米 4th finger to bottom edge—9"

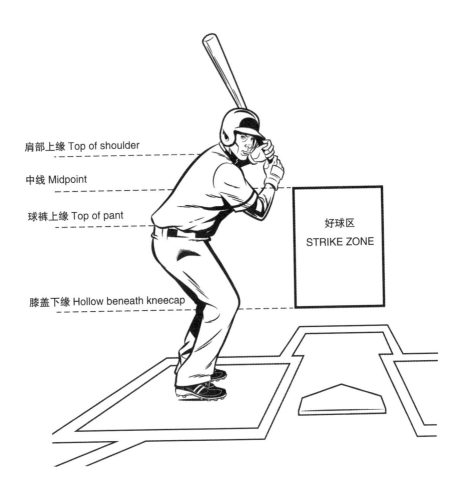

肩部上缘 Top of shoulder

中线 Midpoint

球裤上缘 Top of pant

好球区
STRIKE ZONE

膝盖下缘 Hollow beneath kneecap

图 5　好球区

索引 INDEX

	侧身投球	5.07(a)(2)
	场地标记	3.10(b)
	场地上的电子设备	3.10(b)
	场地特定规则	4.05, 8.03(a)(9).
	场地维护人员	4.03(e), 4.08(g), 7.03(c)
	冲撞规则	6.01(i)
C	触杀	术语定义 5.09(b)(4,5)
		安全进垒时被触杀（活球）5.05(b)(1) 注释，5.06(b)(3)(B) 注释
		漏踏本垒后被触杀 5.09(b)(12) 注释，5.09(c) 注释
		跑过一垒后被触杀 5.09(b)(4,11), 5.09(c)(3)
		两名跑垒员同占一个垒位 5.06(a)(2)
	传球	术语定义（投球注释 和 传球）
		投手的传球 5.07(a)(1,2), 6.02(a)(2~4), 6.02(a) 规则说明，6.02(a) 注释 (B), 6.02(c)(8)
		传球受到妨碍 5.06(b)(4)(E), 5.06(c)(2), 5.09(a)(8, 11, 13), 5.09(b)(3), 6.01(a)(10), 6.01(b,f), 6.03(a)(3)
D	代打 / 代跑	见替换球员
	得分	1.04, 5.06(b)(3)(B) 注释，5.08, 5.09(a)(14)
		5.09(b)(8), 5.09(c) 注释，5.09(d), 6.01(g)
		"第四个出局" 申诉 5.09(c)
	灯光照明故障	5.12(b), 7.02(a)
	第三击情况	术语定义（"球"），5.05(a)(2), 5.06(c)(7) 注释，5.09(a)(2~4,6,10,14), 6.01(a)(1), 6.03(a)(4)
	第三击失接	术语定义（"球"），5.05(a)(2), 5.06(c)(7) 注释，5.09(a)(2) 注释，5.09(a)(3,4,6,10,14),6.01(a)(1)
	队员席 / 休息区	2.05, 术语定义
		接住 / 试图进行防守行为 术语定义（"接住" 注释）
		5.06(b)(3)(C), 5.09(a)(1) 注释，5.12(b)(6), 6.01(b)
		装备 3.10
		活球被反弹后 5.06(b)(4)(H)
		占据队员席 5.10(b) 注释，5.10(k), 6.04(a,c~e), 8.04(c)
		术语定义（"球"）
	对球员的限制	禁止与观众站在一起 4.06
		被限制在队员席里 5.10(k)
		过度亲近 4.06
		一般行为准则 5.10(b) 注释，6.04(a,d,e)

F	妨碍	术语定义 "妨碍"
		被授权进入场地的人员妨碍　4.07(a)
		击球员的妨碍　　5.09(a)(8)、5.09(b)(8)、6.01(a)(3)
		随挥动作 6.03(a)(3) 注释
		三击不中失接的球被击球员妨碍 6.01(a)(1)、6.01(a)(1) 注释
		接手的妨碍 5.05(b)(3)、5.06(b)(3)(D,E)、6.01(g)
		教练员的妨碍 6.01(a)(8)、6.01(d) 注释、6.01(f)
		守方的妨碍　5.05(b)(3)、5.06(b)(3)、6.01(d,g)
		故意妨碍行为（双杀）5.09(a)(13)、5.09(a)(13) 注释、5.09(b)(3)、6.01(a)(6,7)、6.01(j)
		攻方的妨碍 5.05(b)(4)、5.06(c)(6,7)、5.09(a)(8,9,13~15)、5.09(b)(3,7,8,13)、6.01(a,b,d)、6.03(a)(3);
		跑垒员被击出的球打中 5.05(a)(4)、5.05(b)(4)、5.06(c)(6)、5.09(b)(7)、6.01(a)(11)
		观众的妨碍　[妨碍术语定义 (d)]、6.01(e)
		裁判的妨碍　5.05(b)(4)、5.06(c)(2~6)
		站在垒上时 6.01(a)(1) 注释
		见跑垒指导员、击球员和接手
	放弃跑垒	5.05(a)(2) 注释、5.05(b)、5.09(b)(2)、5.09(b)(11)、5.09(c)(3)
	封杀局面／封杀出局	术语定义、5.09(b)(6)
		封杀局面的恢复 5.09(b)(6)
G	改期续赛	7.01(d)、7.02
		规则 4.08(a)(1)、7.02(a)(1)、7.02(b)
		规则（选择性）7.02(a)(7~9)
	给予安全进垒	申诉 5.09(c)
		投手犯规时　　5.06(c)(3)、6.01(g)
		接手妨碍时　　6.01(c)
		场地特定规则　4.05
		阻挡时　　6.01(a)(10) 注释、6.01(h)(1) 注释
		内场手暴传球时　5.06(b)(4)(G)
		投手踏在投手板上暴传　5.06(b)(4)(G~I)、5.07(e)
		观众妨碍时　　6.01(e) 注释
	故意对准击球员投球	6.02(c)(9)
	故意失接	5.09(a)(12)
	故意四坏球保送上垒	术语定义"四坏球上垒"　5.05(b)(1) 注释

G	观众	4.05，4.07，5.06(b)(3)(C)，5.12(b)(6)，6.04(a)(1,2)，6.04(b)，8.01(e)
		观众的妨碍 ［妨碍术语定义 (d)］，6.01(e)
	过度亲近	4.06
H	好球 / 好球区	术语定义，5.05(b)(2)，附录 5
	滑垒 / 滑垒规则	5.05(b)(1) 注释，5.09(a)(11) 注释，6.01(i,j)，6.01(i)(1) 注释，6.01(i)(2) 注释
J	击球次序	4.03，5.04(a)，5.10(a~f,j)，8.03(a)(8)
	击球次序错误	6.03(b)
	击球员 / 击跑员	术语定义
		随挥打到接手 6.03(a)(3)
		击球员成为跑垒员 5.05
		未能进到一垒 5.05(a)(2)，5.05(b)
		被投球打中 5.05(b)(2)，5.06(c)(1)，5.09(a)(6)，术语定义（"球""击"）
		不合法动作 6.03
		造成妨碍 5.09(a)(7~9,11)，5.09(b)(8)，6.01(a)，6.03(a)(3,4)；6.03(a)(3,4) 例外和注释
		受到妨碍 5.05(b)(3)，5.06(b)(3)(D)
		第三击失接影响到接手 6.01(a)(1)，6.01(a)(1) 注释
		在击球员区的站位 术语定义，5.04(b)，5.04(b)(4,5)，6.03(a)(1~3)
		被击出的球打到 5.06(c)(6)(1)，5.09(a)(7)，6.01(a)(11)
	击球员区	2.01，术语定义，5.04(b)，6.03(a)，附录 2
	击球员区规则	5.04(b)
		5.04(b)(2) 注释，5.04(b)(4)
	急投	术语定义（不合法，投球，急投），5.07(a)(3)，6.02(a)(2) 注释，6.02(b)
	假传三垒而向一垒传牵制球的动作	6.02(a)(3) 注释
	教练员	术语定义，4.02(b)，5.03，6.01(a)(8,9)，6.01(b)，6.01(d)，6.01(d) 注释，6.01(f)
	接手	术语定义 "接手"
		造成妨碍 ［妨碍术语定义 (b)］，5.05(b)(3)，5.06(b)(3)(D)，6.01(c,g)
		受到妨碍 ［妨碍术语定义 (c)］，5.06(c)(2)，5.09(b)(8)，6.03(a)(3)
		投球卡在装备上 5.06(b)(4)(I)，5.06(c)(7)
		站位 5.02(a,c)，6.01(a)(12)

J	接手区	2.01（附录 2), 术语定义, 5.02(a), 6.02(a)(12)
	接住	术语定义, 5.09(1,2)
	界内球	术语定义
		弹跳出比赛有效区 5.05(a)(6~8), 5.06(b)(4)(F)
		经碰触改变方向后出比赛有效区 5.05(a)(8,9), 5.06(b)(4)(A,F)
		故意失接 5.09(a)(12)
		碰触到跑垒员或裁判员 5.05(a)(4), 5.05(b)(4), 5.06(b)(3)(B), 5.06(c)(6) 注释, 5.09(b)(7), 6.01(a)(11)
	界外球	术语定义, 5.06(c)(5), 5.09(a)(7,8)
K	抗议比赛	7.04, 8.02(b)
L	垒位	2.01, 2.02, 2.03, 术语定义（"垒位"）
		脱离开原位置 5.09(b)(4) 规则说明 A,B
	联盟主席	术语定义 3.03(k); 术语定义（主教练）4.01(c), 4.02(a), 4.08(c) 例外, 7.02(b)(5), 7.04; 投球时违反规定 6.02(c)(1~6,9)
		抗议 7.03, 7.04
		裁判员 8.01(a), 8.03(c), 8.04
	列为受伤的队员	5.10(k) 注释
	漏踏垒位或本垒	5.06(b)(4)(I) 注释, 5.09(b)(12), 5.09(c)(2~4)
		见申诉和跑垒员（踏垒的要求）
M	每场比赛去到投手丘的限制	5.10(m)
	镁粉袋	4.01(f), 6.02(d) 注释
	明显的第四个出局	5.09(c)(4)
		5.09(c)
N	内场高飞球	术语定义, 5.09(a)(5,12), 5.09(b)(7) 例外
		打到跑垒员（站在垒上或未站在垒上）5.09(b)(7), 5.09(b)(7) 例外
P	跑垒过头 / 滑垒过头	一垒 5.09(b)(4,6,11), 5.09(c)(3)
		本垒 5.09(b)(12), 5.09(c)(4)
	跑垒限制道	2.01, 5.09(a)(11)
	跑垒员	放弃跑垒的努力 5.05(a)(2) 注释, 5.05(b), 5.09(b)(2, 11), 5.09(c)(3)
		在出局后继续进垒或返垒 6.01(a)(5) 注释
		安全进垒 5.06(a)(1,2), 6.01(a) 注释
		事先起跑并在飞球被接触时跑动踏垒 5.09(c)(1) 注释
		受伤 5.12(b)(3)(A)
		故意冲撞接手 6.01(i)(1)
		故意妨碍守场员 5.09(a)(13) 注释, 5.09(b)(3), 6.01(a)(5~7), 6.01(j)

P	跑垒员	得分后妨碍 6.01(a)(5)
		在垒位上时妨碍 6.01(a) 注释
		在有双杀可能时妨碍 6.01(j)
		为躲避触杀而离开跑垒路径 5.09(b)(1)
		"头脑发热的跑垒员" 5.06(b)(3)(B) 注释
		超越前位跑垒员 5.09(b)(9)
		再踏垒的要求 术语定义,术语定义(内场高飞球),5.06(b)(4)(I) 注释,5.06(c)(5),5.09(b)(5), 5.09(c)(1)
		禁止返回垒位 5.06(a)/5.06(c) 注释,5.08(a) 注释,5.09(c)(2) 规则说明 和 注释
		逆向跑垒是被禁止的 5.09(b)(10)
		被击出的球打到 5.05(b)(4), 5.06(c)(6), 5.09(b)(7), 6.01(a)(11)
		被内场高飞球打到(在垒位上时或未在垒位上时)5.09(b)(7), 5.09(b)(7) 注释
		踏触垒位的要求 5.06(b)(1), 5.09(b)(4) 规则说明 (B)
		被投出的球触及 5.06(c)(8), 5.09(a)(14)
		见击跑员
	跑垒指导员	5.03; 头盔 3.08(e)
		妨碍 6.01(a)(8,9), 6.01(b), 6.01(d), 6.01(f)
		限定范围 5.03(a~c), 5.03 罚则, 5.10(k), 6.04(a)
	平局比赛	术语定义 7.01(d), 7.02
	破坏,污损棒球	3.01, 6.02(c)
Q	弃权比赛	4.07(b), 4.08(g), 4.07(b), 7.03, 8.03(a)(6), 9.03(e)
	球/击 计数,更正计数的限制	8.02(c)
	球棒	3.02
		变造 6.03(a)(4)
	球被卡住	5.05(a)(7), 5.06(b)(4)(F~G,I), 5.06(c)(7), 5.09(a)(2) 注释
	球童	3.08(f), 4.07(a), 5.10(k)
	球员或裁判发生意外	5.12(b)(3,8)
	驱逐	6.04(a,c~e), 8.01, 8.02, 8.04
	去到投手丘	5.10(l), 5.10(l) 注释
		每场比赛中次数的限制 5.10(m)
R	热身传球/热身投球	5.07(b), 5.10(d) 注释, 5.10(l) 注释
		投手之外的场员 5.10(d) 注释;投手 5.07(b), 5.10(l) 注释
S	赛前会议	4.03

S	上场队员名单	4.03, 5.11(a)(1,11)
	申诉	5.06(b)(3)(D)附注，5.06(b)(4)(I) 注释，5.09(b)(5,11,12)，5.09(c)，6.03(b)，8.02(c)
		是否挥击申诉造成一局结束 8.02(c) 注释
		对是否挥击申诉的限制 8.02(c) 注释
	时间限制	7.02(a)(2)，7.02(a) 附注，8.03(a)(7)
	事先起跑并在飞球被接触时跑动踏垒	5.09(c)(1) 注释
	是否挥击	8.02(c) 注释
	手套	3.04, 3.05, 3.06, 3.07
		不合法地碰触活球 5.06(b)(4)(A,C,E)
	守场员	手套的规定 3.04, 3.05, 3.06, 3.07，附录 4
		踏入或跌入比赛无效区 5.06(b)(3)(C)，5.09(a)(1) 注释，5.12(b)(6)
		比赛开始时在场上的防守位置 5.02
		衣袖 3.03(e)
		将手套扔向球（脱离原位置的装备）5.06(b)(3)(E)，5.06(b)(4)(A~E)
	守场员选杀	术语定义，9.12(f)(2)
	双换人	5.10(b)
		关于双换人时对于主教练和教练员的限制 5.10(b) 注释
	死球（"暂停"）和恢复比赛	术语定义，5.01(b)，5.04(b)(2) 注释，5.06(c)，5.12
	四坏球上垒（主教练示意自动保送上垒）	术语定义（"四坏球上垒"），5.05(b)(1) 注释
	随挥动作造成妨碍	6.03(a)(3) 注释
T	踏入或跌入比赛无效区	5.06(b)(3)(C)，5.09(a)(1)，5.12(b)(6)
	替换	5.10(a~k)，5.04(a)(2)
		双换人 5.10(b)，5.10(b) 注释
	天气和比赛场地状况	4.03(e)，4.03 注释，4.04，4.08(d,g)，5.12(b)(1)，5.04(b)(2) 注释，6.02(c)(1) 例外，7.02(a)(5)，7.02 例外
		天气情况排在优先考虑 7.02(a) 注
	天色暗/场地灯光	4.01(g)，5.12(b)(1,2)，7.02(a) 附注，7.02(a)(4)
	头盔	3.08, 5.09(a)(8) 注释
	头脑发热的跑垒员	5.06(b)(3)(B) 注释

T	投球	术语定义
		投手投球的时间限制 5.07(c)
		越出了比赛有效区 5.06(b)(4)(H)
		故意对准击球员投球 6.02(c)(9)
		卡在接手或裁判员装备中 5.06(b)(4)(I), 5.06(c)(7)
		好球术语定义
		碰触击球员 5.05(b)(2), 5.06(c)(1), 5.09(a)(6), 术语定义 ("球""击")
		碰触试图得分的跑垒员 5.06(c)(8), 5.09(a)(14)
	投手	改变棒球 3.01, 6.02(c)(2~7)
		左右手都能投球 5.07(f)
		成为内场手 5.07(e)
		更换去其他防守位置 5.10(d) 注释
		投球的限制 5.07(a)
		投球时间的限制 5.07(c)
		受伤 5.07(b,f), 5.10(d) 注释, 5.10(f~g)
		故意对准击球员投球 6.02(c)(9)
		合法投球姿势 5.07(a)(1,2)
		局间投手热身投球的时间限制 5.07(b)
		投手热身投球的球数限制 5.07(b)
		在投手丘接触嘴部 6.02(c)(1)
		投手延误 5.07(c)
		教练员去投手丘了解投手情况 5.10(l)
		轴心脚 术语定义 5.07(a)(1,2), 5.07(a)(2) 注释, 5.07(e)
		携带比赛无关物品和禁止物品 6.02(c)(7)
		投手的准备 5.07(b), 5.10(l) 注释
		衣袖 3.03(e)
		踏在投手板上传球出现暴传 5.06(b)(4)(H)
		热身 5.07(b), 5.10(l) 注释
	投手板	2.01, 2.04
	投手犯规	5.02(a), 6.01(g), 和 各种违禁情况 规则 5.07
		申诉时出现投手犯规 5.09(c)(c) 注释
		罚则 5.06(b)(3)(A), 5.06(c)(3), 6.02
	推迟比赛的责任	4.04
	拖延比赛	击球员延误 5.04(b)(3,4)
		投手延误 5.04(b)(2) 注释, 5.07, 6.02(a)(8), 6.02(d)(3)
		由于延误比赛而被判弃权 7.03(a)
	脱离原有位置的装备	5.06(b)(3)(E), 5.06(b)(4)(A~E)
	脱落的垒位	5.09(b)(4) 规则说明

NOTE